최신개정

외국인을 위한

한국어 문법

임호빈 · 홍경표 · 장숙인 공저

연세대학교 출판문화원

책머리에

이 지구촌을 아름답게 가꾸는 일에 보탬이 되고 싶어서, 한 그루 작은 나무를 심는 마음으로 『한국어 문법 Ⅰ, Ⅱ』를 펴낸 때가 1987년이었다. 이제 세계 각국의 사람들은 아주 가깝게 만나며, 상대방의 역사와 문화 등을 이해함은 물론 따뜻한 마음까지도 나누며 살고 있다.

서로 의사소통을 하기 위해 상대방의 언어를 모국어 못지 않게 사랑하는 학습자까지도 많이 볼 수 있게 되었다. 특히 지구 곳곳에서 한국어를 배우려는 열기가 더해 가고 있어 한국어를 알고 배우고 가르치는 모든 이들의 기쁨은 말할 수 없이 클 것이다. 이러한 때에 이 책이 조금은 키가 자란 모습으로 다시 보여지게 된 기쁨이 비단 우리 필자들만의 것은 아닐 것이다.

이 책은 한국어를 처음 배우기 시작한 학습자나 좀더 많이 배운 학습자 누구나가 참고할 수 있게 만들었다. 그리고 학습자가 쉽게 접근할 수 있도록 사전식으로 저술한 교재라는 특징을 가지고 있다.

이번 최신개정에서는 고어나 사투리 등의 특수한 것을 제외하고는 학습자들이 알아야만 하고 또 필요로 하는 문법은 거의 다 보충하려고 노력하였으며, 좀더 찾아보기 쉽도록 배열 문제에도 신경을 써서 보완하였다. 그리고 연습문제는 부록으로 내놓게 되었다.

우리 필자들은 『한국어 문법』이라는 이 나무를 삼십여 년간의 현장 교육에서 얻은 경험과 열정으로 심을 수 있었다. 그러나 이 나무가 그동안 우리 필자들만의 애정으로 자란 것은 결코 아니다. 그 나무의 한 잎 한 잎은 다른 많은 분들의 격려와 질책 속에서 많은 자양분을 섭취해 온 것임을 밝히고 싶다. 그동안 이 책을 사용하면서 문제점이나 잘못된 부분을 지적하고 알려 주신 분들의 성의를 결코 잊지 못할 것이다.

이 책의 출판을 맡아주신 연세대학교 출판부에 감사를 드린다.

마지막으로, 이 문법책이 한국어를 배우려는 이 지구촌 사람들 모두에게 좋은 친구가 되어 주기 바란다. 그리고 앞으로 필자들의 꾸준한 정진에 여러분의 애정이 함께 하여 이 책이 더욱 알찬 것이 될 것을 기대하며 이 책을 펴낸다.

2010년 11월 20일

저 자

들머리

1. 문법 교육의 필요성 및 중요성

외국어로서의 한국어를 교육하는 데 있어서 한국어의 문법체계를 가르쳐야 하는가, 그렇다면 어떻게 가르쳐야 하는가 하는 문제는 언제나 매우 중요하고도 어려운 과제로 남아 있다. 그 이유 중의 하나는 모국어의 교육과 외국어의 교육 사이에는 상당한 차이가 있기 때문이다.

한국어의 문법 체계를 가르쳐야 한다는 것은 언어 습득의 체계화 면에 있어서 불가결한 일이다. 왜냐하면 모든 단어는 어휘적인 측면과 문법적인 측면을 가지고 있으므로 언어에 대한 체계적인 연구와 기술이 완전하면 할수록 언어 현실과 언어 규범간에 차이가 줄어들기 때문이다.

교사의 입장에서 볼 때에도 한국어의 문법 체계를 알고 있으면, 학습의 곤란한 점이 무엇인가를 알고 그것을 집중적으로 교육시킬 수 있게 된다. 그렇게 될 때 보다 효율적인 교육, 의미있는 교육을 할 수 있고, 더 나아가 학습의 성취도를 높일 수 있을 것이다. 또한 교사는 학습자가 오류를 범하는 경우, 그 원인을 알아내어 교사의 문법 지식을 동원하여 구조적인 관점에서 지도를 할 수 있다.

문법 교육을 위한 교수 방법은 따로 방법론에서 기술되어야 하겠지만, 실제로 이 책에서는 종전의 문법 주입 또는 번역 위주의 방법이 아닌, 실제 상황 제시 중심의 방법을 염두에 두고 집필하였다. 그러한 교육을 통하여 언어 속에 내재되어 있는 심층 구조의 이해와 화용론적인 이해가 가능해질 수 있다고 믿기 때문이다.

2. 『한국어 문법』의 특징

이 책을 펴 나감에 있어 몇 가지 특징을 가지고 기술하였다.

첫째 : 언어학자들의 규범 문법의 한계를 넘어선 일반 문법의 성격을 띈 학교 문법을 기반으로 하여 기술함으로써 외국인 학습자가 쉽게 습득할 수 있도록 하였다.

둘째 : 1단계로 한국어 문법을 체계화하고 2단계로 외국인이 제2언어로 한국어를 학습할 경우에 부딪치는 난이점을 예견하고, 그것을 실제의 교육 경험을 통하여 검증하는 3단계를 거친 결과를 가지고 이 책을 기술하였다. 특히 예문을 만들 때 새롭고 실용적인 어휘를 많이 써서 실질적으로 활용하기 쉽게 하였다.

셋째 : 부록으로 준비한 『연습문제집과 해답』은 과학적인 방법으로 공동오류의 검증을 통해 난이도를 참작한 뒤에 학습 단계 및 학습 과정을 염두에 두고 기술하였다. 이런 작업은 외국인을 위한 단계적이고도 효율적인 교육에 유용하기 때문이다.

3. 『한국어 문법』의 구성

『한국어 문법』의 구성은 다음과 같다.

첫째 : 『한국어 문법』은 총 17장으로 되어 있으며, 각 장은 난이도에 따라 기초적인 것에서 시작하여 단계적으로 기술하였다.

둘째 : 이 책은 뒷면에 색인을 넣어 학습자가 알고자 하는 사항을 가나다순으로 찾아볼 수 있게 하였다.

셋째 : 부록으로 『연습문제집』을 만들어서 학습자들이 배운 것을 스스로 연습할 수 있게 하였다.

넷째 : 마지막에 해답란을 만들어 바른 해답이 무엇인지를 확인할 수 있게 하였다.

다섯째 : 참고문헌을 소개하여 더 전문적으로 연구할 수 있도록 하였다.

차 례

제 1 장

한국어 문법의 특징과 문장 구조

문장은 하나 이상의 단어가 결합되어 이루어지며, 문장 속에는 반드시 하나로 통일된 사상이나 느낌이 들어 있다. 그러한 사상이나 느낌이 조리있게, 문장 구조에 맞게, 있어야 할 자리에 있어야, 문장으로서의 역할을 다 할 수 있는 것이다.

언어에는 사회 현상이나 자연 현상에 존재하는 것과 같은 일정한 규칙과 구조가 있으며, 이들은 서로 유기적 관계를 맺고 있다. 이런 유기적인 관계들을 체계화해 주고 질서를 잡아 주는 것을 문법이라 한다.

『외국인을 위한 한국어 문법』의 제1장에서는 한국어 문법의 전체적인 틀을 다룸으로써 한국어 문법의 기본 지식을 학습자에게 전달하고자 한다.

1. 한국어의 품사

문장은 단어들의 집합으로 이루어졌다고 할 수 있다. 모든 단어들을 문법적으로 분류하는 작업은 그리 쉽지도 간단하지도 않다. 품사란 성질이 같은 단어를 한데 묶어 놓은 것을 말하는데, 한국어의 품사는 9개로 나뉜다. 이는 1963년 학교 문법 통일 심의회에서 결정된 자료를 근거로 한 것이며, 다음의 〈표 1〉에서 9품사를 적고, 각 품사의 간단한 예를 들어보기로 한다.

〈표 1〉 품 사

품사수	품사명	보 기
1	명사	사람, 개, 지하철, 사과, 나무
2	대명사	나, 우리, 여기, 철수
3	수사	하나, 둘, 일, 이
4	동작동사	가다, 보다, 일하다
5	상태동사	비싸다, 좋다, 아름답다
6	관형사	새, 헌, 한, 두
7	부사	참, 대단히, 많이
8	감탄사	아!, 참!, 어머나!
9	조사	-이/가, -을/를, -와/과, -에, -에서, -(으)로

〈표 1〉에서 제시된 9개의 품사를 다시 분류해 보면 다음과 같다.

1) 실사와 허사

실질적인 뜻을 가진 단어를 실사라 하고, 뜻은 없고 문법적 역할만을 하는 단어를 허사라 하는데 조사가 이에 속한다.

2) 형태 변화의 유무에 따른 분류

문장 안에서 단어의 형태가 변하는 것이 있고 그렇지 않은 것이 있는데, 용언은 전자에 속하고 체언과 수식언은 후자에 속한다.

형태가 변하는 단어 : 가다 → 가고, 가니, 가서
아름답다 → 아름답고, 아름다운, 아름다워
변하지 않는 단어 : 꽃, 사람, 개, 비둘기

3) 단어의 기능에 따른 분류

문장 안에서 어떤 단어는 그 기능이 여러 가지인데 비해, 어떤 단어는 기능이 하나뿐인 것도 있다. 전자를 체언이라 하고 후자를 수식언이라고 한다. 명사, 대명사, 수사는 체언에 속하며, 관형사, 부사는 수식언에 속한다.

4) 의미에 따른 분류

하위 분류로 의미에 의해 9품사가 설정된다. 단, 감탄사는 관형사, 부사와 기능이 달라 독립언이라 한다.

이상의 내용들을 토대로 좀 더 체계적이고 알기 쉽게 하기 위해 〈표 2〉로 정리한다.

〈표 2〉 품사의 분류

단어		실 사				허사
분류기준	기능			수식언		
	형태	체언	용언			
	의미	명사 대명사 수사	동사 형용사	관형사 부사	감탄사	조사

* 고영근 · 남기심 · 박경조(1985), 「고등학교 문법」, 탑출판사.

2. 한국어의 문법적 특징

한국어는 형태상으로는 첨가어에, 계통상으로는 우랄-알타이어족에 속해 있는데 이런 맥락에서 본 한국어의 문법적 특징은 대략 다음과 같다.

1) 한국어의 정상적인 어순에 따라 문장의 성분을 배열하면 **주어**, **목적어**, **동사**의 순이다. 이같은 어순이 갖는 특징이 몇 가지 있다.

(1) 자유어순이다. 즉 서술어만 문장 끝에 놓으면, 남은 성분의 위치는 비교적 자유롭다.

예문 : 선생님이 학생에게 숙제를 주셨다.
학생에게 선생님이 숙제를 주셨다.
숙제를 선생님이 학생에게 주셨다.
숙제를 학생에게 선생님이 주셨다.

(2) 조사나 어미의 발달이 현저하다.

예문 : 할머니가 좋다. → 할머**님께서 좋으셨겠습**니다.

(3) 수식어는 피수식어 앞에 오는 것이 원칙이다.

예문 : **제** 친구는 **아주 예쁜** 차를 샀어요.

(4) 한국어는 의문문에서 어순이 바뀌지 않으며, 의문사가 반드시 문장 앞에 와야 하는 제약도 없다.

예문 : 이 가방은 누구의 가방입니까?

2) 한국어는 존경어(존대법, 공손법, 겸양법)가 체계적이고 정교하게 발달된 언어이다.

3) 한국어는 주어, 목적어, 보어, 서술어 등의 생략이 용이한 특징을 가진 언어이다. 상황이나 문맥에 따라 뜻이 분명하다고 인정될 때는 생략이 가능하다.

예문 : 선생님은 어디에 가십니까? → 어디 가십니까?

4) 단수와 복수의 개념이 분명하지도 않고 엄격하지도 않다.

5) 단어에 성의 구별이 없고 관사나 관계대명사가 없다.

3. 한국어 문장의 기본 구조

1) 기본 문장 형식

아무리 짧은 문장에도 주어나 서술어가 있어야 문장이 성립된다. 한국어 문장은 서술어에 따라 5개의 형식으로 분류된다. 이들을 좀 더 알기 쉽게 정리해 보면 다음의 〈표 3〉과 같다.

〈표 3〉 문장 형식

	기본 문장	서술어 성질에 따른 문장 형식	예 문
Ⅰ	무엇이 어찌한다.		영수가 잔다.
		무엇이 무엇을 어찌한다.	영수가 책을 읽는다.
		무엇이 무엇이 된다.	비가 눈이 된다.
Ⅱ	무엇이 어떠하다.		산이 푸르다.
Ⅲ	무엇이 무엇이다.		그는 한국사람이다.
		무엇이 무엇이 아니다.	그는 한국사람이 아니다.

* 고영근 · 남기심 · 박경조(1985), 「고등학교 문법」, 탑출판사.

2) 문장 구성 성분의 재료

문장을 구성하는 성분의 재료로는 조사를 제외한 모든 품사(참조 : 〈표 1〉)들이 쓰일 수 있으며, 문장의 성분은 주성분, 부속성분, 독립성분으로 나뉜다.

(1) 주성분

문장을 이루는 필수 성분으로 주어, 서술어, 목적어, 보어가 주성분이 될 수 있다.

① **주어** : 문장의 주체가 되는 것으로, 주로 체언이나 명사가 이에 속한다. 다음의 〈표 4〉를 참조하라.

〈표 4〉 문장 구성 성분

주 어	예 문
① 체언+주격조사	철수**가** 옵니다. 어머니**께서** 불고기를 만드셨어요. 철수**는** 머리가 좋습니다. 영희**도** 머리가 좋아요. 우리 집**에서** 잔치를 했어요.
② 용언의 명사형+주격조사	한국말을 배우**기가** 힘들죠. 쓰**기가** 어렵습니다.
③ 명사절+주격조사	**아침마다 일찍 일어나기가** 어려워요. **문장을 만드는 것이** 힘들죠.

② **서술어** : 서술어는 주어를 설명하는 것으로, 기본적인 서술어는 동작동사, 상태동사, 그리고 서술격 조사의 종지형 '-이다'라 할 수 있다.

예문 : 순이가 **놀아요**. (동작동사)
산이 **파랗습니다**. (상태동사)
존은 미국 **사람입니다**. (서술격 조사의 종지형)

참고 ① : 그 밖에도 체언, 명사구, 명사절에 서술격 조사를 붙여 서술어로 쓴다.

예문 : 제가 한국에 온 것은 **지난 월요일입니다**. (명사절)

또한 본용언에 보조용언을 연결한 것과 서술절이 서술어로 쓰일 수 있다.

예문 : 김 선생님은 **키가 커요**. (서술절)
담배를 **피우지 말아요**. (보조 용언)

참조 ② : 서술어로 쓰이는 용언의 특성에 따라 필요로 하는 문장 성분의 수가 다르다. 즉 자동사는 주어만 있으면 문장이 될 수 있으나, 타동사는 목적어가 필요하며, 또 '되다', '아니다' 같은 동사는 보어를 필요로 한다.

예문 : 꽃이 **피었습니다**. (자동사)
애기가 우유를 **먹습니다**. (타동사)
존은 **한국 사람이** 아닙니다. (보어)
물이 **얼음이** 되었습니다. (보어)

③ **목적어** : 목적어는 체언, 명사적 성격의 구나 절에 목적격 조사 '-을/를'을 붙여 쓴다. 또한 목적어를 필요로 하는 동사는 타동사이며, 목적어는 타동사 앞에 오는 것이 원칙이다.

예문 : 김 선생님이 **한국말을** 가르치십니다. (체언)
존은 **한국 음식 먹기를** 좋아 해요. (명사구)
그가 **친절한 사람임을** 알아요. (명사절)

목적격 조사는 구어체에서 생략되기도 한다. 또 목적격 조사 대신 보조사가 쓰일 수도 있고, 같이 쓰일 수도 있다.

예문 : 존은 **한국말** 잘 해요.
전 아직 **김치는** 못 먹어요.
그 아이는 **말도** 잘 합니다.
한국 사람은 **밥만을** 먹습니다.

한 문장 안에 목적어가 두 개 올 수도 있으며, 때로는 방향이나 장소를 나타내는 말에 목적격 조사를 넣어 강조하기도 한다.

예문 : 어머니가 아이에게 사탕**을 한 알** 더 주셨어요.
지금 **어딜** 가니?

④ **보어** : 완전한 문장을 만들기 위한 필수적 성분 중 하나가 보어이며, '되다', '아니다' 같은 용언에 붙는다.

예문 : 물이 **얼음이** 되었습니다.
그는 **선생님이** 아닙니다.
그 분은 결국 **대통령이** 되었어요.
벌써 **여름이** 된 것 같습니다.
전 **천사는** 아니에요.

(2) 부속 성분(수식 성분)
부속 성분으로는 관형어와 부사어가 있다.

① **관형어** : 체언 앞에 놓여, 체언의 성질이나 상태를 수식하는 역할을 한다. 관형어는 부사어와는 달리 홀로 쓰일 수 없고 반드시 체언 앞에 놓이는 것이 특징이다. 또 한 문장 안에 두 개 이상의 관형어가 쓰일 수 있으나, 이때는 지시 관형어, 수 관형어, 성상 관형어의 순으로 오는 것이 원칙이다.

예문 : 백화점에서 **예쁜** 옷을 샀어요. (관형어)
이 두 젊은 남녀는 서로 사랑하는 사이입니다.
(지시 관형어+수 관형어+성상 관형어)

관형어의 재료를 다음 〈표 5〉로 제시한다.

〈표 5〉 관형어

관형어의 재료	예 문
• 모든 관형사는 관형어로 쓰일 수 있다.	철수가 **새** 모자를 샀습니다.
• 체언에 관형격 조사 '-의'가 붙어 관형어로 쓰일 수 있다.	이것이 **철수의** 책입니다. **선생님의** 책을 보았습니다.
• 체언+'-이다'의 관형사형	**학자인** 김 박사님을 존경해요. **외국인인** 존슨 씨를 아세요?
• 체언+'-이다'의 명사형+'-의'	학생**과의** 만남이 즐거웠어요. 학교**에서의** 생활이 유익합니다.
• 용언의 관형사형	한국인**임의** 긍지를 가지세요.
• 용언의 명사형+'-의'	**좋은** 선생입니다. **말하기의** 방법을 알려 드리죠.

용언의 관형사형이 관형어 역할을 할 때가 있다. 즉 관형사형 어미 '-는', '-(으)ㄴ', '-(으)ㄹ', '-던'을 사용하여 시제를 나타낸다(참조 217쪽).

예문 : 저기 **가는** 분이 이 선생입니다.
이 편지를 **보낸** 사람이 제 친구입니다.
내일 **만날** 친구는 대학 동창입니다.
여기 **살던** 사람이 이사를 갔습니다.
지난 주에 **먹었던** 음식은 참 맛이 있었어요.

② **부사어** : 문장 구성상 부속 성분인 부사어는 특정한 성분을 꾸며 주는 성분 부사어와 문장 전체를 꾸며 주는 문장 부사어가 있다.

성분 부사어 : **어서** 갑시다.
너무 아파서 못 갔습니다.
겨우 한 시간 잤어요.
문장 부사어 : **과연** 한국은 아름답습니다.
역시 겨울에는 눈이 많이 와야 제격이에요.

부사어는 보조사를 비교적 쉽게 취할 수 있고, 관형어와는 달리 부사어의 자리를 자유롭게 옮길 수 있다는 특징이 있다.

예문 : 시간은 **빨리도** 가는군요!
김 선생님**에게는** 예쁜 딸이 있습니다.

과연 그는 머리가 좋은 사람입니다.
그는 **과연** 머리가 좋은 사람입니다.
그는 머리가 **과연** 좋은 사람입니다.
그는 머리가 좋은 사람입니다. **과연**.

주의 : 단, 부사어가 부사어, 관형어, 체언을 꾸며 줄 때와 부정 부사인 경우는 제외된다.

(3) 독립어

문장 안에서 독립적이면서, 문장 전체에 작용하는 성분이 있다. 독립어의 특성은 문장에서 독립어를 빼도 그 문장은 완전한 문장이 된다는 것이다.

야! 빨리 가자!
자! 갑시다.

독립어의 재료를 다음 〈표 6〉으로 제시한다.

〈표 6〉 독립어

독립어의 재료	예 문
• 감탄사	**어머나**! 꽃이 피었네.
• 응답어	**예**, 알겠습니다.
• 제시어, 표제어	**젊음**, 얼마나 활기찬 시간인가?
• 체언+호격조사	**숙아**, 나 좀 도와줘.
• 문장 접속부사*	비가 온다. **그러나** 난 갔다.

* 문장 접속부사 '그러나, 그리고, 그런데, 그러므로, 그래서' 등은 독립어이나 접속부사이다.

3) 한국어 문장 구조의 형태

한국어 문장 구조의 형태는 크게 둘로 나뉜다. 단문(홑문장)과 복합문(겹문장)의 형태이다.

(1) 단문(홑문장)

여기서 말하는 단문(홑문장)이란 문장 안에 주어와 서술어가 각기 하나씩만 있고 이들 관계가 한번만으로 이루어진 문장을 말한다.

예문 : 그 분은 선생님이십니다.
하늘이 푸릅니다.
자동차가 잘 달립니다.
철수가 책을 읽습니다.
날씨가 좋지 않습니다.

(2) 복합문(겹문장)

복합문을 이루는 문장 구조는 다시 둘로 나뉜다.

① 홑문장이 명사절, 서술절, 관형절, 부사절, 인용절 등의 안긴 문장 형태로 바뀌어, 다른 문장 속으로 들어가는 경우에 복합문이라 한다. 이 때 안기는 문장의 수는 한 개 이상이며, 안은 문장과 안긴 문장 중 성분이 같은 것은 생략할 수 있다.

예문 : 우리는 **존이 미국으로 귀국했다는** 사실을 알았다. (관형사절)
그 **선거에 부정이 있었음**이 밝혀졌다. (명사절)
그 아이가 **그 대학에 입학하기**를 기도했다. (명사절)
나는(내가) **그에게 돈을 꿔 준** 기억이 없다. (관형사절)
이 책은 **내용이 너무 좋다**. (서술절)
그는 **부모님의 도움 없이** 대학을 졸업했다. (부사절)
이 집은 **돈이 많이 들었다**. (서술절)
나는 **그의 결심이 옳았다고** 생각한다. (인용절)
그의 눈에선 눈물이 **비 오듯이** 흘렀다. (부사절)
나는 **"여행을 좋아 하십니까?"**라고 물었다. (인용절)

② 대등적 연결어미, '-고', '-(으)며' 등이나 종속 연결어미, '-도록', '-게', '-(으)니', '-(으)면' 등에 의해 홑문장들이 이어지는 문장을 말한다. 이 경우도 반복되는 성분은 생략이 가능하며, 이어지는 문장의 수도 두 개 이상일 수 있다.

<u>대등적 관계의 복합문</u>

영수는 고향으로 내려갔고 철이는 군대에 들어갔다.
그는 늘 성격이 명랑하며 남과도 잘 어울린다.
봄에는 꽃이 피고 새가 운다.
여름에는 비가 오고 겨울에는 눈이 온다.

<u>종속적 관계의 복합문</u>

빗물이 들어오지 않도록 창문을 닫았다.
소화가 잘 되게 꼭꼭 씹어 먹었다.
봄이 되면, 날씨도 따뜻해지겠군요!
지금은 피곤하니, 내일 만났으면 좋겠어요.
시간이 없어서 택시를 탔지만 늦었습니다.

주의 : 대등적 복합문과 종속적 복합문을 구별하기는 그리 쉽지 않다. 객관적 기준이 약하기 때문이다. 다만 앞뒤 절이 자리를 바꾸어도 뜻이 같으면 그것은 대등적 복합문이다.

예문 : 여름에는 비가 오고 겨울에는 눈이 온다.
↓
겨울에는 눈이 오고 여름에는 비가 온다.

단어들이 접속 조사 '-와/과'로 이어져서 주어나, 목적어, 부사어 역할을 하는 경우가 있는데, 이때 접속 조사 대신 '쉼표'를 찍을 수도 있다.

예문 : 인천과 부산은 항구도시이다.
인천, 부산은 항구도시이다.

그는 영어와 일어와 불어를 잘 한다.
그는 영어, 일어, 불어를 잘 한다.

제 2 장

명 사

1. 명사의 직능

명사의 직능은 4가지인데 예를 들어 말하면 다음과 같다.

1) **명사는 문장 속에서 주어가 될 수 있다.**

예문 : **철수**는 학생입니다.
주어

2) **명사는 관형어의 수식을 받는다.**

예문 : 김 선생님은 **좋은 분**입니다.
관형어 명사

3) **명사에 조사를 붙여 격변화를 할 수 있다.**

예문 : 선생님**이** 나**의** 책**을** 친구**에게** 보여 주셨어요.
주격조사 관형격조사 목적격조사 부사격조사

4) **명사에 복수 접미사가 붙을 수 있다.**

예문 : 우리**들**은 어제 친구**네** 집에서 놀았습니다.
복수접미사 복수접미사

2. 명사의 종류

사람이나 사물의 명칭을 가리키는 단어를 명사라 한다. 명사는 쓰이는 범위에 따라 고유명사와 보통명사로, 자립성 유무에 따라 자립명사와 의존명사로 나눌 수 있다. 이를 정리하면 아래와 같다.

〈표 7〉 명사의 종류

	명사의 종류	성격 및 정의	보기
쓰이는 범위에 따라	고유명사	특정한 사람이나 사물에 붙여지는 이름	동대문, 김영수, 대한민국, 한라산
	보통명사	사물에 쓰이는 것	지하철, 학교, 집
자립성 유무에 따라	자립명사	다른 말의 도움이 없이 쓰이는 명사	하늘, 사람, 문, 제주도, 서류, 가방
	의존명사	다른 말에 기대야 기능을 발휘할 수 있는 명사	-분, -것, -만

3. 의존명사

명사의 성격을 띠고 있으면서도 홀로 쓰이지 못하고, 항상 관형어의 꾸밈을 받아 의존적으로 쓰이는 명사를 말한다. 일명 불완전명사라고도 한다.

친구가 온 것을 몰랐어요.
관형어 의존명사

예문 : *그것은 **내가 바라는 바**가 아니에요.
단지 그 사람을 **믿을 뿐**이다.
옷을 입은 채로 물 속에 뛰어들었어요.

* '그것' 은 대명사로 다루었음(참조 60쪽).

한편 형태는 자립명사처럼 보이나 의존적으로 쓰이는 명사들이 있다. 이런 것들이 한국어를 배우는 외국인 학습자들에게 혼란을 주기 때문에 그런 것들만 따로 장을 나누어 설명하고자 한다.

1) 항상 의존적으로 쓰이는 명사

(1) 것

'-것'은 사물이나 현상 또는 사실 등을 두루 나타낸다. 별 제약을 받지 않고 모든 조사나 '-이다', '-같다'와도 함께 사용할 수 있다. 모음 앞에서 'ㅅ'받침이 생략되어 '-거'로도 나타난다.

Vst(으)ㄴ/는/(으)ㄹ 것

관형사형 어미와 어울려 쓰이며, 문장 안에서 선행문의 내용을 한데 묶어 후행문에 연결시키는 관계대명사의 역할을 한다.

예문 : 그가 일생 동안 **쓴 것은** 시 한 편뿐이었어요.
장미꽃이 **아름다운 것은** 사실이지요.
남을 **설득한다는 건*** 쉬운 일이 아닙니다.
그 사람이 어려움을 겪고 **있는 걸*** 아셨습니까?
요즈음은 객지 생활에 **불편한 게*** 별로 없어요.

* '것은'을 줄여서 '-건', '것을'을 줄여서 '-걸', '것이'를 줄여서 '-게'라고 한다.

Vst(으)ㄴ/는/(으)ㄹ 것이다

'-것'이 '-이다'와 어울려 문장 안에서 서술어로 쓰인 것이다. 상태동사에는 '-(으)ㄴ 것이다'를 쓰고 동작동사의 과거형에는 '-(으)ㄴ 것이다', 현재형에는 '-는 것이다', 미래형에는 '-(으)ㄹ 것이다'를 쓴다.

예문 : 그 물건은 어제 시장에서 **산 것입니다.**
이 옷은 제가 동생에게 **선물한 거에요.**
이 약은 머리가 아플 때 **필요한 거에요?**
이 소설책은 누가 **읽는 거에요?**
그 일은 마땅히 우리가 **해야 할 것입니다.**

Vst(으)ㄹ 것이다

어떤 상태 또는 앞으로의 행동에 대한 화자의 추측을 나타낸다.

예문 : 그 친구는 약속을 꼭 **지킬 것입니다.**
이번 주에 저는 부산에 **출장갈 거에요.**
이제 한국을 잘 이해하실 수 **있을 거에요.**
그 책은 별로 **어렵지 않았을 것입니다.**
그 음식은 외국인에게는 좀 **매울 거에요.**

AVst(으)ㄹ 건가요?

'-(으)ㄹ 것인가요?'의 준말로서, 동작동사의 어간에 붙어 쓰이며, 앞으로의 행동에 대한 청자의 의사를 묻는 말이다. 그러므로 과거형도 쓸 수 없고 상태동사도 쓸 수 없다.

예문 : 일찍 집에 **갈 건가요?**
고향에 편지를 **보낼 건가요?**
몇 시에 저한테 **전화하실 건가요?**
이번 주말에는 어디로 **여행가실 건가요?**
약도도 없이 그 분 댁을 어떻게 **찾으실 건가요?**

Vst(으)ㄹ 걸(요)

이 유형은 두 가지의 뜻을 나타낸다.

① 의문의 형식으로 화자의 의견이나 추측을 나타낸다.

예문 : 김 선생님은 댁에 안 **계실걸요**?
지금쯤 이 선생이 고향에 **도착했을걸요**?
그 소설은 꽤 **재미있을걸요**?
신호등을 보지 않고 건너면 **위험할걸**?
가을에는 호텔마다 **만원일걸**?

② 이루지 못한 지나간 일에 대한 후회를 나타낸다. 대개, 뒤에 '그랬어요'를 쓴다.

예문 : 배가 아픈데, 점심을 **굶을걸 그랬어요**.
등산 계획을 세우기 전에 미리 일기 예보를 **들어 둘걸**.
미리 시험 준비를 했더라면 **좋았을걸**.
친구들이 오는 줄 알았으면, **외출하지 않았을걸**.
오늘부터 연휴인 줄 알았더라면, **여행이라도 할걸**.

Vst(으)ㄹ 것 없다

필요없다는 뜻으로 쓰이거나 금지를 나타낸다. '-(으)ㄹ 것이 있다'는 반어적 의문문으로 쓰인다.

예문 : 너무 **걱정할 것 없어요**.
그렇게 일찍 **떠날 거 없잖아**. 아직 시간이 있는데…….
괜히 **불평할 거 없고**, 열심히 해 봅시다.
큰 **소리만 칠 것 없이** 직접 만나 보세요.
말이 통하지 않는 사람에게 뭐 **말할 것이** 있겠어요?

Vst(으)ㄴ/는/(으)ㄹ 것 같다

동사 '같다'와 같이 쓰여, 어떤 사실이나 상태에 대한 화자의 강한 추측을 나타낸다. 동작동사를 쓸 경우 과거는 '-(으)ㄴ 것 같다', 현재는 '-는 것 같다', 미래는 '-(으)ㄹ 것 같다'로 쓰인다.

예문 : 비가 **올 것 같아요.**
그 음식은 매우 맛이 **있을 것 같군요.**
그 집엔 아무도 살고 **있는 것 같지 않아요.**
수업이 벌써 **끝난 것 같습니다.**
저 두 사람은 꽤 오랫동안 **사귄 것 같아요.**

Vst(으)ㄹ 것 같으면

화자의 강한 추측을 나타내는 '-(으)ㄹ 것 같다'와 가정의 뜻을 가진 '-(으)면'이 연결되어 선행문이 후행문의 동작이나 상태에 대한 전제조건이 됨을 나타낸다.

예문 : 비가 **올 것 같으면** 우산을 가지고 나가시죠.
그 여자가 **괜찮을 것 같으면** 한번 더 만나보세요.
어젯밤 꿈이 **좋을 것 같으면** 복권을 사십시오.
잠이 **안 올 것 같으면** 우리 얘기나 합시다.
별 도움이 **될 것 같지 않으면**, 더 만나지 마세요.

Vst(으)ㄴ/는 것 같던데요

'-(으)ㄴ/는 것 같다'에 회상의 뜻을 가진 종결어미 '-던데요'가 결합된 형태이다. 과거에 완료되었거나 진행중이었거나 아직 이루어지지 않은 사실에 대한 강한 추정을, 화자가 회상하면서, 듣는 이에게 보고하고 있음을 나타낸다.

예문 : 그 사람은 늘 버스나 지하철을 **이용하는 것 같던데요.**
손님이 **오신 것 같던데** 왜 이렇게 조용하지요?
벌써 비행기가 **떠난 것 같던데요.**
도둑놈을 **잡은 것 같던데**, 아직 물건을 못 찾으셨어요?
눈은 왔어도 다 녹아서 길은 **미끄럽지 않은 것 같던데요.**

Vst(으)ㄴ/는 걸 보니

'-(으)ㄴ/는 것을 보다' 와 이유를 나타내는 '-(으)니' 가 결합된 형태이다. 선행문의 상황을 원인으로 하여 후행문을 추정, 짐작할 수 있음을 나타낸다.

예문 : 저 사람의 코가 **빨간 걸 보니** 술을 꽤 좋아하는 것 같아요.
목이 자꾸 **마른 걸 보니** 점심을 짜게 먹었나봐요.
문이 **잠긴 걸 보니** 집안에 아무도 안 계시는 것 같군요.
무슨 좋은 일이 있는 것 같아요. **흥얼거리는 걸 보니**…….
낮에는 요즘 늘 집에 **있는 걸 보니** 회사를 그만두었나 봐요.

(2) 겸

두 가지 이상의 행위나 동작을 동시에 하는 경우에 쓰이는데, 명사 사이에서 'N겸N' 의 형식으로 쓰여 그 앞에 나오는 것이 동시적임을 뜻한다.

예문 : 이곳은 **강당 겸 실내** 체육관으로 쓰입니다.
수상 겸 국방장관인 그는 인품이 그만이랍니다.
외딸이라 **아들 겸 딸** 노릇을 하지요.
이걸 **책상 겸 밥상**으로 샀어요.
아침 겸 점심으로 11시쯤 밥을 먹었습니다.

AVst(으)ㄹ 겸

하나의 구체적 동작을 통하여 두 가지 이상의 행위나 그 동작의 목적이 겹쳐서 일어남을 뜻한다. 때로는 '-(으)ㄹ겸 -(으)ㄹ겸 해서' 또는 '-(으)ㄹ 겸 겸사겸사해서' 등으로도 쓰이며 동작동사에만 쓰인다.

예문 : **손자도 볼 겸 딸도 만날 겸** 해서 왔습니다.
전보도 칠 겸 편지도 부칠 겸 해서 우체국에 들렀습니다.
살도 뺄 겸 건강을 위해서 운동을 시작했습니다.
친구도 볼 겸 고향소식도 들을 겸 겸사겸사해서 왔어.
구경도 할 겸 기분전환도 할 겸 여행을 떠나려고 합니다.

(3) 김

어떤 일을 하게 될 기회가 생겼고, 그 기회를 이용하여 그와 연관된 다른 일을 겸하여 함을 뜻한다. 대개 동작동사와 어울려 쓰이며 조사 '-에'가 뒤에 붙는다.

Vst(으)ㄴ/는 김에

선행문에 제시된 기회를 이용하여, 후행문의 동작이 이루어짐을 뜻한다. 따라서 선행문에는 후행문의 일이 일어나는 계기나 기회를 제시한다. *동작동사에만 쓰인다.

예문 : **떡 본 김에** 제사를 지내지요.
여기에 온 김에 그 분을 만나고 가겠어요.
말이 나온 김에 내 입장도 좀 설명하고 싶습니다.
생각난 김에 박 선생님께 전화를 거십시오.
이왕 **쓰는 김에** 한 장만 더 써 주세요.

* '-는 길에'는 '오다', '가다' 등 이동의 뜻이 있는 동사와 잘 어울리며, 그 의미도 완전히 다르다(참조 48쪽).

예문 : 한국에 **가는 길에** 일본에도 들를 계획입니다.
시내에 **나가는 길에** 양복도 한 벌 맞추고 싶어요.

김 선생을 만나러 **가는 길에** 제 사무실에도 좀 들르세요.

(4) 나름

명사나 동작동사 어간에 붙어 쓰이며, 그 됨됨이나 내용에 따라서 결과가 달리 나타날 수 있음을 뜻한다.

N 나름이다
AVst기 나름이다

예문 : 사람도 **사람 나름이지** 모두가 나쁜 것은 아닐세.
사랑받는 것은 자기가 **하기 나름입니다**.
칭찬도 **칭찬 나름이지** 그런 칭찬은 안 하느니만 못해요.
백화점 물건이라고 다 좋은 것은 아니야. **물건 나름이지**.
먹기 나름이지만 음식이 모자라지는 않을 거에요.

(5) 나위

더할 수 있는 여유나 여지 또는 더 해야 할 필요성을 뜻한다.

AVst(으)ㄹ 나위가 없다

동작동사 어간에 붙이며, 선행문의 동작을 더 이상 할 필요 없거나 여지가 없다고 추정하는 경우에 쓰인다.

예문 : 기쁘기는 더 **말할 나위가 없습니다**.
더 이상 **설명할 나위가 없네**. 그만하면 알아들었을테니까.
모두 끝난 일을 가지고 이렇다 저렇다 **말할 나위가 있겠어요**?
그만하면 좋은 신부감이니까 더 **생각해 볼 나위가 없다구요**.
다시 **재고할 나위 없이** 아주 완벽하답니다.

(6) 따름

'그 뿐'이라는 뜻으로 그 앞에는 동사의 관형사형 어미 '-(으)ㄹ'만이 오며 뒤에는 서술격 조사 '-이다'가 온다.

Vst(으)ㄹ 따름이다

선행문의 내용 '그것'뿐이며 다른 것은 배제된다는 것을 나타낸다. '-(으)ㄹ 뿐'과 비슷하다(참조 34쪽).

예문 : 그 아이가 놀기만 하니 **한심할 따름입니다**.
묵묵히 내 길만을 **갈 따름이죠**.
소화가 좀 **안 될 따름이지**, 별 탈은 없습니다.
말 많은 세상이니, 그저 **조심할 따름이에요**.
자유가 아니면 죽음이 **있을 따름입니다**.

(7) 대로

선행문의 내용이 의미하는 상태나 모양과 같이, 또는 그에 따라서 즉시 후행문의 내용이 이루어짐을 뜻한다.

N대로

명사에 붙어 조사의 기능을 한다. 따라서 선행명사에 붙여 써야 한다.

예문 : **생각대로** 하세요.
선생님 **마음대로** 시간과 장소를 정하세요.
약속대로 전 비밀을 지켰습니다.
책상을 옮기지 말고 그냥 **그대로** 놓아 두세요.
부하 직원들은 상관의 **지시대로** 움직이고 있습니다.

N은 N대로

똑같은 명사를 두 번 쓰고 뒤에 오는 명사에 '대로'를 붙이면 '각각', '따로 따로'의 의미를 나타낸다.

예문 : **큰 것은 큰 것대로 작은 것은 작은 것대로** 놓으시오.
시골 교회에 가면 아직도 **남자는 남자대로, 여자는 여자대로** 앉습니다.
너희는 너희대로 우린 우리대로 행동하면 어때?
기름은 기름대로 위에 뜰 뿐이지 물에 섞이지 않습니다.
학생들은 학생들대로 각자 자기 생각을 갖고 있습니다.

Vst(으)ㄴ/는/(으)ㄹ 대로

① 선행문의 동작이나 상태에 따라 후행문의 결과가 나타날 경우에 쓰인다.

예문 : 아이들은 어른이 **하는 대로** 따라 해요.
잘 생각해서 **좋을 대로** 해 보세요.
심은 대로 거둔다는 옛말이 있죠.
이 세상에는 **마음먹은 대로** 되지 않는 일이 많아요.
일이 **끝나는 대로** 퇴근하세요.

② 이 예문의 '-(으)ㄹ 대로 -어(아, 여)서'는 '아주(매우) -어(아, 여)서'의 뜻으로, 같은 말의 반복에 의한 강조 용법이다.

예문 : 그 책은 **낡을 대로 낡아서** 글씨가 제대로 안 보입니다.
머리가 **빠질 대로 빠져서** 더 빠질게 없어요.
경제 상태가 **어려워질 대로 어려워져서** 문제에요.
그 방법은 **써 먹을 대로 써 먹어서** 더 쓰면 안 돼요.
인정이 **메마를 대로 메말라서** 삭막해요.

AVst는 대로

선행문의 동작이 이루어지는 즉시 후행문의 동작이 일어나는 것을 나타낸다. 동작 동사에만 쓰인다.

예문 : 그 코끼리는 **주는 대로** 받아 먹어요.
그는 돈을 **버는 대로** 다 써 버려요.
그 아이는 **보는 대로** 사고 싶어해요.
집에 **도착하는 대로** 전화 좀 걸어 주세요.
편지를 **받는 대로** 곧 회답을 하겠지요.

Vst(으)ㄹ 수 있는 대로

능력이나 가능성을 나타내는 '-(으)ㄹ 수 있다'와 같이 쓰이기도 하는데 이 경우에는 '-(으)ㄹ 수 있는 만큼'의 뜻이다.

예문 : 이 일은 **할 수 있는 대로** 빨리 끝내 주세요.
될 수 있는 대로 푹 쉬세요.
재주를 **부릴 수 있는 대로** 부려 보세요.
올 수 있는 대로 빨리 좀 오시면 좋겠어요.
한국말로 **표현할 수 있는 대로** 해 보세요.

AVstㄴ/는 다는 대로

'-는다고 하는 대로'에서 '-고 하-'가 생략된 형태이며, 간접인용문의 내용을 바꾸지 않고 후행문의 동작을 행할 경우에 쓰인다. 즉 화자는 인용문의 내용에 따라 어떤 반대 없이 따라감을 의미한다. 따라서 동작동사에만 쓰인다.

예문 : 교수님이 **하라시는 대로** 했으니까 결과가 좋을 거에요.
해 달라는 대로 다 해 주었는데, 웬 불평이야.

친구가 **가자는 대로** 갔더니 술집이었어요.
그 애가 **가겠다는 대로** 가도록 내버려 두었습니다.
부모님이 **하자시는 대로** 다 해 드렸습니다.

(8) 대신

N 대신
Vst(으)ㄴ/는 대신

선행문의 내용을 후행문으로 대치할 때, 또한 선행문의 내용에 대한 대가나 보상을 후행문에 나타낼 때 사용한다. 선행문의 동사에는 제약이 없고 명사 수식어도 가능하다. 뒤에 '-에'가 붙을 수 있으나 대개 생략된다.

예문 : 회사에 출근을 **안 하는 대신** 집에서 일을 했습니다.
이 물건은 값이 **비싼 대신에** 질은 아주 좋아요.
그 병원은 시설이 **좋은 대신** 치료비가 비쌉니다.
우리나라에는 **꿩 대신** 닭이라는 속담이 있습니다.
저 대신 선생님이 그 분에게 안부를 전해 주십시오.

(9) 동안

어떤 동작이 계속되는 시간을 나타낸다. 또한 선행문의 동작이 행해지는 중에 후행문의 일이 일어나는 경우에도 쓰인다. 대개 '동안' 뒤에는 조사 '-에'가 오나, 생략되는 경우가 많다.

AVst는 동안(에)

예문 : 한국에서 **사는 동안** 많은 것을 배웠습니다.
회의하는 동안은 전화를 받을 수 없습니다.
찻집에서 친구를 **기다리는 동안** 편지를 썼습니다.

식사하는 동안에는 너무 말을 많이 하지 않는 것이 예의죠.
선생님이 **안 계시는 동안에** 전화가 많이 왔어요.

(10) 둥

어떤 일을 하는 듯도 하고 안하는 듯도 하다는 뜻, 즉 이것도 저것도 아닌 애매한 상태에 놓여 있음을 뜻한다. 상태동사와 어울릴 경우에는 간접인용의 형식을 써서 '이렇다거니 저렇다거니'의 뜻을 나타낸다.

Vst(으)ㄴ/는/(으)ㄹ 둥

보통 '둥'을 잇달아 두 번 쓰되 동작동사의 경우 두 번째는 대개 부정형 '-마는 둥, -말 둥, -만 둥'으로만 쓰인다.

예문 : 일을 **하는 둥 마는 둥** 게으름을 피우고 있어요.
말을 **할 둥 말 둥** 하다가 입을 다물고 말았어요.
밥을 **먹을 둥 말 둥** 하더니만 한 그릇을 다 먹더라고요.
산이 **가파르다는 둥 길이 미끄럽다는 둥** 하면서 도중에 하산했어요.
시험이 **쉬웠다는 둥 어려웠다는 둥** 말들이 많아요.

(11) 듯

'선행문이 뜻하는 내용과 거의 같게'의 뜻을 나타낸다.

Vst(으)ㄴ/는/(으)ㄹ 듯이

선행문의 동작이나 상태가 사실인 것 같기도 하고, 그렇지 않은 것 같기도 한 것을 추상적으로 표현한다. 즉, 가식적 동작이나 상태를 나타낸다. 앞에 오는 동사에 제약이 없고 뒤에 '-이'가 붙기도 한다.

예문 : 그는 세상에서 자기가 제일 **잘난 듯이** 지껄이고 있었습니다.
자기가 **최고인 듯** 우쭐댑니다.
무슨 큰 일이라도 **난 듯** 법석대고 있었어요.
대단한 손님이라도 **오는 듯이** 소란스러웠지요.
그는 **때릴 듯이** 주먹을 불끈 쥐고 있었단다.

AVst(으)ㄴ 듯 만 듯(하다)
AVst(으)는 듯 마는 듯(하다)
AVst(으)ㄹ 듯 말 듯(하다)

'말다'가 뒤에 첨가 되어 사실의 여부를 추상화시켜, 선행문의 내용이 완전하게 이루어지지 않았음을 뜻한다. 앞에 오는 동사는 동작동사로 한정된다. 시제에 따라 관형사형 어미가 달라진다.

예문 : 그는 나를 **본 듯 만 듯** 모른 척하고 지나갔어요.
시간이 없어서 아침은 **먹는 듯 마는 듯** 하고 출근했다.
피서를 **갈 듯 말 듯** 하더니, 떠나 버렸군요.
들릴 듯 말 듯한 목소리로 말하니 알아 들을 수가 없군요.
숙제를 **하는 듯 마는 듯** 하려면 아예 그만 두시오.

Vst(으)ㄴ/는/(으)ㄹ 듯하다

선행문의 동작이나 상태를 객관적으로 추측하는 경우에 쓴다.

예문 : 비가 **올 듯하군요.**
철수가 요즘 병이 **난 듯합니다.**
저 사람은 **학생인 듯해요.**
가뭄으로 **타는 듯한** 더위가 계속되고 있습니다.
그 애기는 **금방 넘어질 듯하면서도** 잘 걷는군요.

Vst(으)ㄴ/는/(으)ㄹ 듯싶다

'싶다' 와 함께 선행동사의 동작이나 상태에 대하여 주관적으로 추측하는 경우에 쓴다.

예문 : 그 옷에는 빨간 구두가 더 잘 **어울릴 듯싶군요**.
무지개가 선 것을 보니, 내일은 날이 **좋을 듯싶어요**.
애기가 조용한 걸 보니까, 잠이 **든 듯싶습니다**.
친구가 지금껏 안 오는 걸 보니, 무슨 일이 **생긴 듯싶군요**.
그 사람이 큰 소리를 치는 걸 보니, 무슨 벼슬이나 **한 듯싶은데요**.

(12) 리

사실에 대한 '까닭' 이나 '이치' 의 뜻을 나타낸다.

Vst(으)ㄹ 리가 있다/없다

동작동사, 상태동사 어간과 '-이다' 에 두루 쓰이며, 뒤에는 '있다', '없다' 로 끝맺는다. 의문형으로 쓰인 경우에는 반어적 의미로서, 어떠한 동작을 하거나 그런 상황에 놓여 있을 이유나 까닭이 없음을 뜻한다.

예문 : 그 사람이 약속을 **잊을 리가 있나**?
그 분이 음주 운전을 **했을 리 없을 텐데**.
십 년 이상을 같이 살았는데 성격을 **모를 리 있어요**?
여러 번 말했는데, 말 뜻을 **모를 리가 없지요**.
그만큼 노력했는데, 일이 **안 될 리가 있겠어요**?

(13) 만

N 만

시간을 나타내는 명사에 붙어 쓰이며, 그 시간 동안 중단되었다가 후행문의 내용이 새로 나타남을 뜻한다. '-만' 뒤에 조사 '-에'가 쓰이며, 서술형으로 쓸 경우 '-이다'가 쓰인다.

예문 : 참 **오래간만입니다**.
오랜만에 잠을 푹 잤습니다.
십년 만에 고향에 오니까 서먹서먹하군요.
이삼일 만에 한번씩 장을 보곤 합니다.
그를 본 지 **이십년 만이지만** 모습은 옛날 그대로였어요.

(14) 만큼

일정한 정도나 한도를 나타낸다.

N만큼

명사나 대명사 다음에 붙어 쓰이는 보조사로 정도를 나타낸다.

예문 : **그 나라만큼** 어려움이 많았던 나라도 드물 거예요.
오늘만큼 기분 좋은 날도 많지 않았어요.
저는 **선생님만큼** 한국말을 잘 하지 못합니다.
핵 **전쟁만큼** 무서운 전쟁이 어디 있겠어요?
우리만큼 다정한 친구가 또 있을까?

Vst(으)ㄴ/는/(으)ㄹ 만큼

선행문의 내용과 같은 정도로 후행문의 내용이 이루어짐을 뜻한다.

예문 : 내가 **도와준 만큼** 그도 나를 도왔어요.
내가 **일한 만큼** 대우를 받고 싶어요.
나는 **배우는 만큼** 잊어 버리기도 하나 봐요.
우리가 다 **들어갈 만큼** 방이 넓진 않았어요.
그 사람의 말을 **못 알아들을 만큼** 내가 둔하지는 않아요.

Vst(느)니/(으)니 만큼

선행문이 후행문의 원인이나 근거가 됨을 뜻한다.

예문 : 일이 **힘드니 만큼** 대우도 잘 해줍니다.
가뭄이 **심하니 만큼** 물을 아껴 써야 합니다.
환절기이니 만큼 늘 감기에 조심하도록 해.
명절날이니 만큼 친척 어른들을 찾아뵙도록 합시다.
배 부르게 **먹었으니 만큼** 운동도 열심히 해야겠죠.

(15) 망정

'망정이지'로 쓰이고, 부정하는 말을 연결하여 '-었(았/였)으니 잘 됐다'의 뜻을 나타낸다. 보통 '-(으)니', '-기에', '-길래' 뒤에 쓰인다.

예문 : 음식을 많이 **준비했으니 망정이지** 모자랄 뻔했어요.
다행이 **생각이 났으니 망정이지** 하마터면 불 날 뻔했지 뭐야.
막차라도 **탔기에 망정이지** 집에 못 들어왔을걸.
노처녀로 늙을 뻔했지, 나를 만**났기에 망정이**지.
범인으로 몰렸을 거에요. 알리바이가 **있었길래 망정이지요.**

(16) 무렵

어떤 일이 일어나려는 때를 말한다. 동작동사의 어간에 붙이며 '-(으)ㄹ 무렵에' 또는 '-(으)ㄹ 무렵이다'의 형식으로 쓰인다. 조사 '-에'를 생략하기도 한다.

AVst(으)ㄹ 무렵

예문 : **동틀 무렵에** 해변가에 나가 보세요.
여름이 다 **갈 무렵에** 새싹이 나기 시작했어요.
우리가 **철들 무렵**이 되면, 부모님은 돌아가시고 안 계시겠죠.
내가 군에 입대한 것은 전쟁이 **끝날 무렵**이었어요.
왠지 해 **질 무렵**이 되면, 마음이 쓸쓸해져서 그래요.

(17) 바

'방법' 또는 '일'이라는 뜻이며 그 앞에 동작동사만 올 수 있다.

AVst(으)ㄴ/는/(으)ㄹ 바

예문 : 성경을 읽고 **깨달은 바**가 있어요.
그것은 그 사람 일이지 내가 **알 바**가 아니에요.
선생님도 **아시는 바**와 같이 저는 영어를 모르잖아요.
요즘 **들리는 바**에 의하면 석유 값이 계속 내린다나 봐요.
문제가 커져서 **어찌할 바**를 모르겠어요.

AVst(으)ㄹ 바에야

관용적인 표현으로서 동작동사에 붙여 쓴다. 선행문의 내용처럼 '기왕에 될 일이라면'의 뜻으로 후행문에 나타내는 행동이 무엇보다도 좋은 것임을 나타낸다.

예문 : 친구를 **도울 바에야**, 아무 조건 없이 도와주십시오.
아무 처방도 **쓰지 않을 바에야** 왜 병원에 있습니까?
법을 만들기만 하고 **지키지 않을 바에야** 왜 애써 만들까요?
이왕에 **떠날 바에야** 미련 없이 떠나세요.
집을 **지을 바에야** 한번 멋지게 지어 보세요.

(18) 뻔

Vst(으)ㄹ 뻔하다

지난간 과거에 그렇게 될 수 있었던 기회가 있었으나, 사실은 그렇게 되지 않았음을 나타낸다. 과거의 행동을 표현하므로 항상 과거형 '-었(았, 였)' 과 결합된다.

예문 : 어제 계단에서 **넘어질 뻔했어요**.
차에 **치일 뻔했습니다**.
배가 아파서 **죽을 뻔했습니다**.
다방에 갔더라면 친구를 **만날 뻔했어요**.
같이 갔더라면 좋았을 **뻔했네요**.

(19) 뿐

다른 것은 제외하고 오직 그것 하나만이라고 강조할 때 쓴다.

Vst(으)ㄹ 뿐이다

'다만 어떠하거나 어찌할 따름' 이라는 뜻이다.

예문 : 말을 **들었을 뿐이지** 직접 보지는 못했어요.
다른 묘책이 없으니 한숨만 **나올 뿐이에요**.
친구를 잠시 **만났을 뿐**, 그 외엔 아무 것도 하지 않았어요.

아무 말도 생각나지 않아서 듣기만 **했을 뿐입니다**.
너무 어처구니 없어서 넋을 잃고 바라만 **보았을 뿐이지요**.

N뿐이다

명사 뒤에 쓰여 '오직 그것만'이라는 뜻을 나타낸다.

예문 : 내가 아는 사실은 이 **한 가지뿐입니다**.
아이들을 안심하고 보낼 수 있는 곳은 집 앞 **공원뿐이지요**.
산에 **잡초뿐이지** 큰 나무는 볼 수 없군요.
늘 **말뿐이지** 실천하는 것은 못 봤습니다.
그 이야기를 믿고 있는 사람은 오직 **김 선생뿐입니다**.

Vst(으)ㄹ 뿐(만) 아니라

그것과 함께 다른 것도 포함된다는 뜻을 나타내는 관용적 표현이다. 명사와 어울리는 경우 'N뿐만 아니라'로 쓰인다. '-만'은 생략되는 경우가 많다.

예문 : **너뿐만 아니라** 나도 그 일을 할 수 있다.
그 날은 날씨가 **추울 뿐만 아니라** 눈도 왔어요.
이 음식은 **어른뿐만 아니라** 아이도 좋아합니다.
그 여자는 마음이 **착할 뿐만 아니라** 얼굴도 예뻐요.
그 친구는 공부를 잘 **할 뿐 아니라** 성격도 좋습니다.

Vst(으)ㄹ 뿐더러

선행문의 사실만으로 그치지 않고 그 밖에 다른 것이 더 있음을 나타낸다. '-(으)ㄹ 뿐만 아니라'로 대치될 수 있다.

예문 : 공부도 잘 **할 뿐더러** 운동에도 소질이 많아요.

돈을 잘 **벌 뿐더러** 잘 쓸 줄도 압니다.
그 외국인은 김치를 잘 **먹을 뿐더러** 고추장도 좋아해요.
금년에는 천재도 **많았을 뿐더러** 인재도 많았어요.
그 법은 국민의 호응도 **얻었을 뿐더러** 실천도 잘 됩니다.

Vst다 뿐이다

이미 앞에서 제시한 사실을 되풀이 하면서 그런 사실 외에 다른 것이 없음을 나타낸다. 때로는 의문형으로 쓰여 반어적인 뜻을 나타내기도 한다.

예문 : 할인대매출은 값만 **싸다 뿐이죠**. 질은 그저 그래요.
김군이 이군보다 성격이 **좋다 뿐이죠**. 둘 다 공부는 못해요.
어제에 비해서 오늘 기온이 **조금 높다 뿐입니다**. 그리 따뜻하지는 않습니다.
그가 일을 **끝내다 뿐이겠어요**? 뒤치다꺼리도 잘 할 거에요.
그 친구는 돈만 **없다 뿐이지** 사람은 그만입니다.

(20) 수

어떤 일을 처리하는 데 필요한 방안이나 수단, 또는 일을 감당할 만한 능력이나 가능성의 유무를 나타내며 '수' 뒤에는 대개 '있다', '없다'가 쓰인다.

Vst(으)ㄹ 수 있다/없다

동작에 대한 능력 또는 가능성의 유무를 나타낸다. 이때 '수' 뒤에 '-가', '-는', '-도'나 '-밖에' 등의 여러 조사가 붙고, '있다/없다' 뒤에도 여러 활용어미가 붙어 다양하게 쓰인다.

예문 : 한국말을 조금 **할 수 있어요**.
몸이 아파서 오늘은 일을 **할 수 없습니다**.
한자를 **읽을 수는 있으나** 쓰지는 못해요.

시험에 합격해야만 면허증을 **받을 수가 있습니다**.
비행장엔 오늘 내가 **나갈 수밖에 없습니다**.

주의 : 대개 동작동사에만 쓰이지만, '가능성'이나 '경우'의 뜻으로 쓰일 때는 상태동사도 가능하다.

예문 : 평수가 적으니까 방들이 **좁을 수밖에 없지요**.
열이 오르면 속도 **안 좋을 수가 있습니다**.
값이 **비쌀 수는 없지요**. 도매시장인데요.
상표에 따라서는 옷이 좀 **클 수도 작을 수도 있습니다**.

Vst(으)ㄴ/는 수가 있다/없다

동사의 어간에 붙어 방법이나 수단을 나타낸다.

예문 : 이 방법말고 다른 **좋은 수가 없을까요**?
하는 수 없이 그 일을 포기하고 말았어요.
돈이 떨어졌으니, 무슨 **뾰족한 수가 있겠어요**? 굶어야지.
입학시험을 한번에 딱 **붙는 수는 없을까요**?
전기불도 나가고 촛불도 없으니 **자는 수밖에** 다른 도리가 **없군요**.

Vst(으)ㄹ 수가 있어야죠

가능성이나 능력, 힘이 없다는 뜻으로 반어적인 표현이다. 'Vst(으)ㄹ 수가 없어야죠'로는 쓰이지 않는다.

예문 : 돈 쓸 일만 자꾸 생기니, 돈을 **모을 수가 있어야죠**.
아무리 타일러도 말을 안 들으니, 큰소리 **안 칠 수가 있어야죠**.
그 사람 하는 짓이 저 꼴이니 눈뜨고 그냥 **볼 수가 있어야죠**.
그릇도 수저도 없으니, 뭘 **대접할 수가 있어야죠**.

김치가 매워서 그냥 **먹을 수가 있어야죠**. 그래서 물에 씻어 먹었습니다.

(21) 양

화자의 의도나 의향을 나타낸다. '듯', '처럼', '모양'의 뜻으로 쓰인다.

Vst(으)ㄹ 양으로

동작동사의 어간에 붙이며, 화자가 선행문의 내용과 같은 의도나 의향을 가지고 후행문의 행위를 함을 뜻한다. 조사 '-(으)로'와 같이 쓰인다.

예문 : 불우한 이웃을 **도울 양으로** 이야기를 하더군요.
국회의원으로 **나설 양으로** 그 지역 일에 발 벗고 나서더군요.
기회만 있으면 **덮칠 양으로** 노려보는 호랑이 같아요.
집을 한 채 **지을 양으로** 설계중입니다.
금방 **결혼할 양으로** 서두르더니 아직 소식이 없죠?

Vst(으)ㄴ/는 양

동사의 어간에 붙어 '모양', '듯', '처럼'의 뜻으로 쓰인다. 어감이 부드러워서 시, 시조 등에 많이 쓰인다.

예문 : 사실도 아닌 일을 마치 **사실인 양** 잘도 꾸며대네요.
돈도 한푼 없는데 **부자인 양** 허세를 부리는군요.
반장이라도 **되는 양** 어깨에 힘을 주고 다니던데요.
온 세상이 자기 **무대인 양** 판을 치고 있어요.
무슨 잔치라도 **벌이는 양** 떠들썩하군요.

(22) 적

과거의 시기, 때를 나타내며 명사와도 같이 쓰이나 대개 동사와 어울려 쓰인다.

Vst(으)ㄴ/었(았, 였)던 적이 있다/없다

과거에 어떤 사건이나 사실을 경험한 시기를 나타낸다.

예문 : 나도 그 사람을 **만난 적이 있어요.**
도서관에서 책을 **잃어버린 적이 있어요.**
언젠가 제주도에 **여행갔던 적이 있어요.**
빨간색 옷은 **입은 적이 없습니다.**
택시에 우산을 놓고 **내린 적이 많아요.**

Vst(으)ㄹ 적

일정한 동작이 진행되고 있을 때를 말한다.

예문 : **세 살 적** 버릇이 여든까지 간다.
어렸을 적에 고향에 가 본 적이 있어요.
내 얘기를 **들을 적에** 뭘 생각하고 있었어요?
아이가 **울 적마다** 어떻게 달래셨어요?
천둥 번개가 **칠 적마다** 깜짝깜짝 놀라곤 합니다.

(23) 줄

어떤 방법이나 상태, 사실 등을 나타내며, 그 뒤에는 '알다'나 '모르다'가 따라온다.

AVst(으)ㄹ 줄 알다/모르다

방법이나 능력을 나타낸다.

예문 : 은행에서 돈을 **찾을 줄 알아**?
너는 술 **마실 줄 아니**?
나도 영어로 **말할 줄 알아요**.
저 애는 아직 심부름을 **할 줄 몰라요**.
한국노래를 **부를 줄 알지만**, 지금은 부르고 싶지 않군요.

Vst(으)ㄴ/는/(으)ㄹ 줄 알다/모르다

선행문의 상태나 사실에 대한 화자의 기대나 셈속을 나타낸다.

예문 : 내가 네 마음을 **모르는 줄 아니**?
어제 밤 사이에 눈이 이렇게 많이 **온 줄 몰랐어요**.
그 사람에게 이렇게 여러 가지 재주가 **있는 줄 몰랐어요**.
비가 **올 줄 모르고** 우산을 안 가지고 나왔네요.
나는 아드님이 벌써 **결혼한 줄 알았는데요**.

(24) 지

AVst(으)ㄴ 지

사건이 발생한 때로부터 경과된 시간을 나타낸다. 뒤에 시간을 나타내는 말과 함께 '되다', '지나다' 등의 동사를 쓴다.

예문 : 그 사람을 **만난 지** 일주일이 되었습니다.
내가 서울에 **온 지** 십년이 되었습니다.
한국말을 배우기 **시작한 지** 몇 달 되지 않았어요.
시장에 **간 지** 한 시간이 지났는데 아직 돌아오지 않았습니다.
비행기가 **이륙한 지** 50분 만에 제주도에 착륙했습니다.

AVst는/(으)ㄹ지
DVst(으)ㄴ/ㄹ지 알다/모르다
Vst었(았, 였)는지

① 선행문의 사실에 대한 확인을 나타낸다. 이것은 하나의 어미처럼 쓰이며, 의문대명사를 동반한다. 그렇지 않은 경우에는 '-는지 -는지'의 형식으로 쓰인다.

예문 : 김 선생은 무엇을 **하는지 알 수 없어요.**
그 사람이 어디에 **갔는지 모르겠어요.**
지금 떠나면 몇 시에 대구에 **도착할지 모르겠어요.**
이게 **좋을지** 저게 **좋을지** 생각해 보시고 말씀해 주세요.
택시가 **빠른지** 지하철이 **빠른지**, 어서 알려 주세요.

② '얼마나 -(으)ㄴ/는지/알다/모르다'는 상태를 강조하는 경우에 쓰이며 특히 '얼마나 -(으)ㄴ/는지 알다'는 의문형으로만 쓰인다.

예문 : 길이 **얼마나 막히는지 몰라요.**
밥 먹고 난 후 설거지하기가 **얼마나 귀찮은지 알아요?**
쓰레기 종량제 실시 후에 쓰레기 양이 **얼마나 줄었는지 몰라요.**
지난 밤은 **얼마나 더웠는지 몰라요.**
얼마나 보고 싶었는지 몰라요.

(25) 참

AVst(으)ㄹ 참이다

무엇을 하고자 한다는 의도나 예정을 나타내며 동작동사 어간에 붙어 쓰인다.

예문 : 금년에는 꼭 **결혼할 참이야.**
방금 선생님께 **전화할 참이었어요.**

내년부터는 가능하면 저축을 **실천해 볼 참입니다**.
봄이 되면 새 집으로 **이사갈 참인데요**.
졸업 후에는 취직하는 대신 유학을 **갈 참이에요**.

AVst(으)려던 참이다

동작동사 어간에 붙어 쓰이며 무언가를 할 의도를 가지고 있던 '그 순간, 그러한 찰나'를 나타내고자 할 때 쓰인다.

예문 : 지금 막 전화를 **걸려던 참이었습니다**.
은행에 가니까 마침 문을 **내리려던 참이더군요**.
외출을 **하려던 참에** 친구가 와서 같이 나갔어요.
택시를 **타려던 참인데** 버스가 마침 오더군요.
지금 심심해서 뭘 **마시려던 참인데** 같이 마십시다.

(26) 채

어떤 상태가 변하지 않고 그대로 있다는 뜻이다.

AVst(으)ㄴ 채

동작동사의 어간에 붙어 쓰이며, 선행문의 상태를 바꾸지 않고 그냥 그대로 유지하면서, 후행문의 동작을 함을 나타낸다. 뒤에 조사 '-로'와 어울리지만 생략될 수 있다.

예문 : 옷을 **입은 채로** 물에 뛰어 들어갔지요.
입을 꼭 **다문 채** 아무 말도 하지 않더군요.
문이 **열린 채** 아무도 없었습니다.
사고난 자동차를 길에 **버려둔 채로** 도망가 버렸어요.
텔레비전을 켜 **놓은 채로** 잠이 들었나봐요.

(27) 체

그럴듯하게 꾸미는 거짓 태도나 행동을 뜻하는 말로 '-(으)ㄴ/는 척하다'로 대치할 수 있다.

Vst(으)ㄴ/는 체하다

예문 : 그 남자는 늘 열심히 **일하는 체합니다**.
아무리 **자는 체해도**, 소용없습니다.
일부러 기분 **좋은 척했지만**, 친구들이 알아차렸습니다.
알고도, **모르는 체할 수밖에** 없었습니다.
보고도 **못 본 체**, 들어도 **못 들은 체**, 알고도 **모르는 체했어요**.

(28) 탓

원하지 않았던 결과에 대한 원인, 이유를 나타내는데 그 원인이나 이유가 핑계일 경우에도 쓰인다.

N 탓이다

예문 : 잘 되면 **내 탓이고** 못 되면 **조상 탓이래요**.
건망증이 심한 건 **나이 탓이죠**.
악덕 **기업주 탓으로** 많은 사람들이 희생되었죠.
그 교통사고는 미숙한 **운전 탓입니다**.
내가 오늘 학교에 늦은 것은 **늦잠 탓입니다**.

Vst(으)ㄴ/는 탓

예문 : 애들이 예의가 없는 건 가정교육을 **잘못 시킨 탓이죠**.
엄마하고만 **지내는 탓인지** 다른 아이들보다 낯가림이 심한 편이에요.
매일 **과로한 탓으로** 몸살이 났나 봐요.
날씨가 **추운 탓인지** 꼼짝도 하기 싫군요.
집이 지저분한 것은 어머니께서 **안 계신 탓이에요**.

(29) 터

동사에 따라 계획이나 의도, 예정, 추측 등을 나타낸다. 뒤에 '-이다'와 결합되고 다시 여러 연결어미와 함께 쓰여, 다양한 의미를 나타낸다.

AVst(으)ㄹ 테야

'-(으)ㄹ+터+(이)야'의 준말로서, 의지나 예정을 나타낸다. 이때, '야'는 '-이다'의 서술형 반말 종결어미이다. 높임의 뜻이 없으며 동작동사와만 어울린다. 평서문에는 1인칭 주어, 의문문에는 2인칭 주어를 쓴다.

예문 : 난 바빠서 먼저 **갈 테야**.
나도 엄마를 **따라갈 테야**.
이번에는 꼭 우승을 **하고 말 테야**.
또다시 이런 일을 할 **테야, 안 할 테야**?
오늘 중으로 이 일을 **마치고 말 테야**.

Vst(으)ㄹ 테니까

이것은 '-(으)ㄹ+터+(이)니까'의 준말로, 화자의 예정이나 추측을 나타내고, 주어가 1인칭이면 주어의 의지를 나타낸다(참조 187쪽).

예문 : 나는 집에 **있을 테니까** 전화하세요.
운전은 내가 **할 테니까** 좀 주무세요.
무거운 건 남자들이 **옮길 테니까,** 가벼운 짐이나 옮기세요.
친구들이 기다리고 **있을 테니까** 서둘러 갑시다.
버리지 마세요. 그 영수증은 나중에 **필요할 테니까요.**

Vst(으)ㄹ 텐데

'-(으)ㄹ+터+(이)ㄴ데'의 준말이다(참조 186쪽).

예문 : 배가 **고플 텐데** 라면이라도 드세요.
손님이 **올 텐데** 빨리 준비하세요.
그쪽 방향으로 **갈 텐데** 같이 갑시다.
김 선생을 **만나야 할 텐데** 어디 계신지 모르겠어요.
거긴 길이 **미끄러울 텐데요.**

Vst(으)ㄹ 테면

'-(으)ㄹ+터+(이)면'의 준말이다.

예문 : 일을 **할 테면,** 끝까지 해 봐요.
반대할 테면 반대하라지, 겁날 것 없어.
혼자 **살 테면** 혼자 살라고 하세요.
때릴 테면 때려봐. 나도 가만히 있지는 않을 테니까.
이를 테면 도시의 인구집중 같은 거 말이에요.

Vst(으)ㄹ 테지요

'-(으)ㄹ+터+(이)지요'의 준말이며 '-지'는 종결어미(참조 170쪽)이고 '-요'는 높임의 표시이다. 추측에 대한 확인으로 화자가 거의 확신할 정도의 추측을 하고 있음을 나타낸다. 동작동사나 상태동사 모두에 쓸 수 있다.

예문 : 그에게서 내일쯤은 무슨 소식이 **올 테지**.
그가 지금쯤은 미국에 **도착했을 테지요**.
방안이 이만큼 추우니까, 밖은 더 **추울 테지요**.
여러 번 말했으니까, 이제 **알았을 테지요**.
그 아이가 지금은 어른이 **되었을 테죠**?

(30) 편

Vst(으)ㄴ/는 편(이다)

'편'은 여러 분류 중에 어느 한 쪽에 속한다는 의미이며, '대체로 보아 그러하다'는 뜻이 있다. 보통 '이다', '아니다'와 같이 쓰인다. 선행문에는 동작동사, 상태동사 모두 쓸 수 있으며 관형사형 어미는 '-(으)ㄴ, -는'만 쓰인다.

예문 : 오늘 날씨는 어제보다 덜 **추운 편이에요**.
동생보다 형의 마음이 **너그러운 편인가 봐요**.
그 사람은 **뚱뚱한 편도 아니고 마른 편도** 아니에요.
그 사람은 다른 사람에 비해서 책을 많이 **읽는 편입니다**.
노력에 비해 결과가 그리 **좋지 않은 편입니다**.

(31) 한

AVst는 한

'끝' 또는 '종착'을 나타내는 말로 선행문이 후행문에 대하여 극한적인 조건이 됨을 나타낸다. 선행문에는 동작동사만 쓸 수 있고, 뒤에 '-에'나 '-(으)로'의 조사가 오지 않는다.

예문 : 제가 **도울 수 있는 한** 돕겠어요.
노력하지 않는 한 성공은 불가능하죠.
내가 밥을 **굶는 한이** 있어도 그 책은 사야겠어.
장사를 **계속 하는 한** 먹고 사는 건 걱정이 아니에요.
나한테 **사과하지 않는 한** 용서할 수 없어요.

2) 형태는 자립명사이나 의존적으로 쓰이는 명사

(1) 관계

명사나 관형절의 수식을 받으면, 선행문은 후행문에 대하여 '-때문에, -까닭으로'의 뜻으로 쓰인다. 많이 쓰이는 것은 다음의 2가지 경우이다.

N 관계로

예문 : **공사 관계로** 불편을 끼쳐 드려 죄송합니다.
그 분은 **등록 관계로** 외출을 하셨습니다.
우천 관계로 오늘 경기는 내일로 연기한대요.
사업 관계로 둘 사이의 우정에 금이 갔어요.
여비 관계로 여행을 포기할 수밖에 없군요.

Vst(으)ㄴ/는 관계로

예문 : 비가 **오지 않는 관계로** 시민들이 식수난을 겪고 있어요.
시간이 **없는 관계로** 용건만 말씀드리겠습니다.
오늘은 **주말인 관계로** 교통이 더욱 혼잡합니다.
몸이 **약한 관계로** 힘든 일은 어렵습니다.
예산이 **부족한 관계로** 공사가 중단되었어요.

(2) 길

'가다', '오다'와 같이 이동을 나타내는 동작동사의 어간에 붙어 쓰인다.

AVst는 길이다

이동하는 동작이 일어나고 있음을 나타내며, 조사 '-에'를 붙여 '-는 길에'로 쓰면 하나의 동작을 하는 도중에 다른 동작을 함을 나타낸다.

예문 : 어디 **가시는 길이세요**?
저는 지금 학교에 **가는 길입니다**.
집에 돌아 **오는 길에**, 시장에서 물건을 샀어요.
영화 보러 **가는 길에**, 식사도 하려고 합니다.
퇴근하는 길에 다방에 들러 친구를 만나야 합니다.

*주의 : 연결어미 '-(으)니까', '-(으)ㄴ데' 등과 같이 사용되기도 한다.

예문 : 점심 식사를 하러 **나가는 길이니까** 나중에 얘기하죠.
지금 시내에 **나가는 길인데**, 같이 가시겠어요?

(3) 끝

N끝에
AVst(으)ㄴ/던 끝에

선행문의 동작의 결과가 후행문에 나타나게 되는데, 그 결과는 극히 당연한 결과이지만, 힘들게 노력한 대가로 얻어진다는 뜻이 강하다. 이때 쓰이는 동사는 동작동사로 제한되며, 명사수식어가 오기도 한다. '-끝' 다음에는 조사 '-에'가 붙는 것이 보통이다.

예문 : **말끝에** 싸움이 시작되었습니다.
그 분이 **과로끝에** 쓰러져서 병원에 입원했습니다.

오랫동안 **궁리하던 끝에** 사표를 제출했답니다.
고생끝에 낙이 온다는 말이 있습니다.
여기저기 **헤맨 끝에** 찾아냈어요.

(4) 날

AVst는 날에는

선행문이 후행문에 대한 조건을 나타내는데, 극단적인 상황이나 조건으로 긴박감을 나타낸다. 즉 '만약에 그런 일이 일어날 때는'이란 뜻이 된다. 따라서 후행문에는 극단적 결과를 가정적으로 표시하기도 한다. 앞에는 동작동사만 올 수 있다.

예문 : 핵 전쟁이 **일어나는 날에는** 온 세상이 재가 될 걸.
황소가 성을 **내는 날에는** 아주 무섭다구요.
며느리가 시부모 **눈 밖에 나는 날에는** 끝장이죠.
그렇게 정신없이 뛰어다니다가 **넘어지는 날엔** 크게 다친다.
형이 한번 **화를 내는 날엔** 물불을 가리지 않습니다.

(5) 때

시간을 나타내는 명사로, 선행문의 동작이 일어나는 시간을 뜻한다. 동사의 어간이나, 명사에 붙어 쓰이며, '-(으)ㄹ 때' 뒤에는 여러 가지 조사가 올 수 있다.

N때

예문 : **저녁때** 몇 시쯤 집에 돌아가십니까?
점심때 어디에서 식사를 할까요?
고등학교때 열심히 공부해야 합니다.
방학때 경주로 여행하려고 합니다.

초등학교때가 제일 즐거웠습니다.

AVst(으)ㄹ 때

예문 : 선생님은 **어렸을 때**부터 키가 크셨어요?
한국말로 **말할 때는** 언제나 긴장돼요.
오늘 아침에 **해가 뜰 때**까지 잤습니다.
학교에 **갈 때는** 버스를 타고 갑니다.
가끔 친구에게 **전화할 때가** 있어요.

(6) 도중

N 도중에
AVst는 도중에

선행문의 동작이 끝나지 않고 계속되고 있을 때, 후행문의 사건이 일어남을 나타낸다. 선행 수식절의 동사는 동작동사로 한정되며, 명사 수식어도 올 수 있다. '-는 중이다, N 중'과는 조금 다른데, '도중에'는 선행문의 동작 진행 과정에서 어떤 새로운 사건이 생기는 것을 의미하지만 '중'은 선행동작의 계속적 진행을 의미한다.

예문 : 제가 **일하는 도중에** 불이 나갔습니다.
우리가 시내로 **가는 도중에** 차 사고가 났습니다.
남이 **말하는 도중에** 끼어 들지 마세요.
식사하는 도중에 말을 많이 하지 않는 것이 한국 예절입니다.
수업 도중에 하품하는 학생들이 가끔 있습니다.

(7) 마당

AVst는 마당에

선행문이 후행문의 사건이 일어나는 장면이나 상황을 나타내며 선행문의 동사에는 제약이 없다.

예문 : 모두들 **일하는 마당에** 너만 놀아서 되겠니?
내가 나 자신도 **못 믿는 마당에** 누구를 믿겠어?
너도 나도 세계화를 위해 **애쓰는 마당에** 우리도 함께 노력해야지.
제대로 **먹지도 못하는 마당에** 자동차는 어떻게 굴리니?
사느냐 죽느냐 하는 마당에 이런 작은 일로 말다툼하고 있어요?

(8) 모양

어떤 상태나 모습을 화자가 추측하거나 짐작해서 말할 때 쓴다. 문장 속에서는 관형사형 어미 '-(으)ㄴ, -는, -(으)ㄹ'과 어울려 같이 쓴다.

Vst(으)ㄴ/는/(으)ㄹ 모양이다

예문 : 오늘은 회의가 일찍 **끝난 모양이에요.**
밖을 보니 비가 **올 모양이에요.**
김 선생이 **아픈 모양이군요.**
그 친구는 요즘 매우 **바쁜 모양입니다.**
그 집에는 아무도 **살지 않는 모양입니다.**

(9) 바람

AVst는 바람에

동작동사에 붙어 쓰이며, 선행문의 원인이나 기세가 후행문의 결과에 영향을 미침을 뜻한다. 후행문에는 대개 부정적인 결과가 나온다.

예문 : 가게 문을 **닫는 바람에** 돈을 못 벌었어요.
사람들이 **떠드는 바람에** 정신이 나갔었습니다.
아이들이 하도 **조르는 바람에** 그 장난감을 사주고 말았어요.
친구가 술을 **권하는 바람에** 취하도록 마셨어요.
갑자기 **출장가는 바람에** 약속을 못 지켰어요.

(10) 반면

Vst(으)ㄴ/는 반면에

후행문이 선생문과 반대일 때 또는 대조될 때 쓰기도 하고, 선행문의 내용 외에 다른 방면이 있음을 나타낼 때 쓴다. 선행문의 동사에 제약이 없으며, 관형사형 어미는 '-는, (으)ㄴ'만 올 수 있다. 뒤에 조사 '-에'가 붙는데, 생략될 수도 있다.

예문 : 값이 **비싸지 않은 반면에** 질이 안 좋은 것 같아요.
그 사람은 **부지런한 반면에** 성격이 급해요.
그 직장은 대우를 **잘 해 주는 반면에** 일이 힘든가 봐요.
살다보면 괴로울 때도 **있는 반면** 즐거울 때도 있습니다.
그 분은 말이 좀 **많은 반면** 뒤끝은 없다고 해요.

(11) 법

Vst는/(으)ㄴ 법이다

어떤 동작이나 상태가 당연함을 나타낸다. 주로 서술격 조사 '-이다'가 붙는다.

예문 : 열심히 노력하면 **성공하는 법입니다.**
돈을 빌렸으면 당연히 갚아야 **하는 법입니다.**
죄를 지으면 벌을 **받는 법이지요.**
여름은 덥고 겨울은 **추운 법입니다.**
자기가 한 대로 **대우받는 법입니다.**

AVst는 법이 있다/없다

어떤 사실에 대한 이치가 당연한 것임을 표현한다. 대개의 경우 '없다'와 어울리고 '있다'를 써도 반어적 의문문으로서 '없다'를 쓰는 서술문과 똑같은 뜻이 된다.

예문 : 굶어 **죽으란 법은 없지요.**
그는 아무리 욕을 해도 골을 **내는 법이 없어요.**
원숭이는 나무에서 **떨어지지 말라는 법이 있나요?**
여자만 집안 일을 **하라는 법이 있나요?**
어른 앞에서 담배 **피우지 말라는 법이 있나요?**

Vst(으)ㄹ 법하다

어떤 사실을 거의 당연하게 여김을 나타내는데, 추측하는 경우에 많이 쓰인다. 선행문에는 동사 제약이 없다.

예문 : 과로를 했으니, 몸살도 **날 법합니다.**
학생 신분으로 유흥업소에 드나들었으니, 퇴학을 **당할 법도 하죠.**

거짓말도 **그럴 법하게** 해야지 누가 믿겠어요?
자식이 부모를 모른다고 하니 **될 법이나** 한 말이에요?
감정 살 만한 말을 했으니 화를 **낼 법도 하죠.**

(12) 사이

① 선행문의 사건이 일어나거나 상태가 지속되는 도중에 후행문의 일이 이루어짐을 나타낸다. 선행문에는 동작동사와 상태동사 모두 쓸 수 있으며 뒤에 조사 '-에'가 붙는다. '사이'는 '새'로 축약되기도 한다.

Vst(으)ㄴ/는/(으)ㄹ 사이에

예문 : 내가 **없는 사이에** 전화 온 거 없어요?
집이 **빈 사이에** 도둑이 들었어요.
사고란 눈 **깜짝할 사이에** 일어납니다.
너무 바빠서 **전화할 새가** 없었어요.
잠깐 눈을 **붙인 사이에** 친구가 왔었나 봐요.

② 명사수식어 뒤에 쓰이면 '시간'이나 '관계'의 개념을 나타낸다.

N 사이에

예문 : 너도 **1년 사이에** 많이 변했구나.
그 사람과는 오래 전부터 **친구 사이였지요.**
우리 사이에 찻값을 따로 계산할 수는 없지.
부부 사이에 이기고 지는 게 어디 있어요?
너와 나 사이는 형제 이상이다.

(13) 셈

어떤 사실에 대한 화자의 평가를 나타낸다. 또, 사실은 아니지만, 화자가 편의상 그렇게 생각한다는 뜻도 있다.

Vst(으)ㄴ/(으)ㄹ 셈이다

예문 : 그 학생은 너에 비해 열심히 **공부한 셈이지**.
내년쯤에는 집을 **옮겨 볼 셈입니다**.
다음 주부터 시험이니, 이번 학기도 다 **끝난 셈입니다**.
네가 한번 이기고 내가 한번 이겼으니까 **비긴 셈이야**.
빚을 90% 갚았으니 거의 다 **갚은 셈입니다**.

AVst(으)ㄴ/는/(으)ㄹ 셈치다

어떤 상황이나 사실을 합리화하거나 정당화하는 데 있어 그 기준을 화자가 임의적으로 정하여 표현할 때 쓴다. '셈치다'는 연결어미 '-고'와 같이 쓰이는 경우가 많다.

예문 : 부모를 버린 자식인데, **자식이 없는 셈치세요**.
재수하는 셈치고 1년 휴학하기로 했어요.
월급을 **안 받은 셈치고** 불우 이웃을 돕기로 했어요.
친구에게 **속는 셈치고** 돈을 꾸어 주었어요.
옷감을 **버릴 셈치고** 한복을 만들어 봤어요.

(14) 일

① 과거에 경험한 사실이나 사건을 나타낸다.

Vst(으)ㄴ 일이 있다/없다

예문 : 나는 저 산에 **올라간 일이 있습니다.**
나도 스키를 **배운 일이 있어요.**
대학 입학시험에 **떨어진 일이 있습니까?**
그는 약속을 **지키지 않은 일이 없어요.**
언젠가 그 분을 한번 **만난 일이 있는 것 같아요.**

② 다음과 같이 쓰이면 동작이 현재 진행중이거나 습관 또는 변하지 않는 사실을 나타내기도 한다.

Vst는 일이 있다/없다

예문 : 일요일에 가끔 교회에 **가는 일도 있습니다.**
조심하지 않으면 길에서 **넘어지는 일도 있어요.**
가끔 당구장에서 당구를 **치는 일도 있습니까?**
그 사람은 집에서 **공부하는 일이 없습니다.**
그 여자는 **화를 내는 일이 없어요.**

(15) 정도

N 정도
Vst(으)ㄴ/는/(으)ㄹ 정도

본래 '알맞은 한도' 또는 '일정한 분량'이나 '다른 것과 비교했을 때의 우열'을 나타내는 것으로 대략적인 한계를 표시한다. 선행문의 동사에 제약이 없고, 명사수식어도 올 수 있다. 조사 '-로'가 붙는 것이 보통이지만, 다른 조사가 오는 경우도 있다.

예문 : 어머니가 화를 **내실 정도라면**, 얼마나 나쁜 일이었는지 알 수 있어요.

기술자가 **할 수 있는 정도로는** 불가능하지만 최선을 다해 보겠습니다.
인사불성이 **될 정도로** 술을 마시면 되겠습니까?
고등학교 정도의 학력이면 취직할 수 있지요.
아무리 술을 못해도 **맥주 한 잔 정도야** 하겠지요.

(16) 지경

어떤 처지나 입장, 상황에 대한 화자의 감정이나 느낌의 정도를 나타낼 때 쓰인다.

AVst(으)ㄹ 지경이다

앞에 나오는 동사의 의미가 부정적이어도 문장 전체의 상황과는 직접적인 관계가 없다.

예문 : 너무 피곤해서 **쓰러질 지경입니다.**
어제는 배가 고파서 **죽을 지경이었어요.**
물건 값이 너무 비싸서 기가 **막힐 지경이에요.**
두 사람이 **이혼할 지경에** 이른 것은 아니에요.
보기만 해도 좋아 **죽을 지경인가봐요.**

(17) 통

AVst는 통에

① 후행문의 동작이 일어나게 되는 직접적인 원인이나 근거가 선행문에 있음을 나타낸다.

예문 : 친구들이 **떠드는 통에**, 아무 말도 못 들었어요.
그 사람이 **고집부리는 통에** 내가 양보를 했지요.
아내가 **화를 내는 통에**, 나도 화가 났지요.

문이 갑자기 닫**히곤 하는 통에** 자주 손을 다쳤습니다.
눈코 뜰 새 없이 바쁘게 **일하는 통에** 서류를 잃어 버렸어요.

② 명사를 붙여서 'N 통에'라고 쓸 수 있으나 매우 제한적이다.

예문 : **전쟁 통에** 가족이 헤어졌어요.
난리 통에 집을 잃었어요.
북새 통에 서류를 놓고 왔어요.

(18) 후

N 후
AVst(으)ㄴ 후

선행문과 후행문 사이에는 시간적 순서가 있는데 *선행문의 사건이 후행문의 사건보다 앞섬을 나타낸다. 행동의 순서는 '-(으)ㄴ 뒤(에)' 또는 '-(으)ㄴ 다음에'로 쓰면 더욱 두드러진다. 선행문에는 동작동사만 올 수 있고, 명사수식어도 올 수 있다.

예문 : 점심을 **먹은 후에** 잠깐 쉬어요.
계획을 **세운 후에** 실천에 옮기세요.
수술을 **받은 후부터** 몸이 건강해졌습니다.
식사 후에 다시 전화하도록 하지요.
잠시 후에 다시 뵙겠어요.

*반대로는 '-기 전(에)'를 쓴다.

예문 : 나는 **외출하기 전에** 점심을 먹겠어요.
약을 먹기 전에 먼저 진찰을 받으세요.

제 3 장

대명사

대명사는 사람, 사물, 장소 등을 대신하여 표현할 때 쓰이며, 한국어의 대명사는 크게 인칭대명사와 지시대명사로 나뉜다.

1. 인칭대명사

인칭대명사에는 한국어의 특징인 존대표현이 나타나는데, 존대의 정도에 따라 높임말, 예사말, 낮춤말이 있다. 그리고 3인칭에는 미지칭, 부정칭이 있다. 누군지 모르는 사람을 가리키는 말을 미지칭, 여럿 중에서 막연히 어느 한 사람을 가리키는 말을 부정칭이라 한다. 간단히 도표로 보이면 다음과 같다.

〈표 8〉 인칭대명사

구분	계층	단 수	복 수
1인칭	높임말 예사말 낮춤말	 나 저	 우리(들) 저희(들)
2인칭	높임말 예사말 낮춤말	선생, 어른, 자네, 그대, 어르신네 너	선생님, 어른들, 자네들, 어르신들 너희들
3인칭	높임말 예사말 낮춤말 미지칭 부정칭	이 분, 그 분, 저 분 이이, 그이, 저이, 그 얘, 쟤, 걔 누, 누구 아무, 아무개	이 분들, 그 분들, 저 분들 이들, 이이들, 그이들, 저들, 저이들, 그들

예문 : **나는** 구두를 샀습니다.
제가 그 분을 만났습니다.
선생은 어디에서 일하십니까?
우리가 직접 일을 합니다.
그 분들이 저희에게 길을 물었습니다.
누가 누구에게 반말을 하지?
교실에는 **아무도** 없습니다.

2. 지시대명사

지시대명사는 사물이나 장소를 대신 지시한다. 근칭은 화자에게 아주 가까운 것을, 중칭은 대체로 청자에게 가깝거나 앞에서 이미 언급한 것을, 원칭은 화자와 청자에게 모두 먼 것을 나타낸다.

또한 조사와 결합될 때 축약되는 경우도 있는데 축약형은 구어체에서 많이 쓰인다.

	사 물	장 소
근칭	이것	여기
중칭	그것	거기
원칭	저것	저기
미지칭	무엇, 어느 것	어디
부정칭	아무 것	아무데

이것이 → 이게　이것은 → 이건　이것을 → 이걸
그것이 → 그게　그것은 → 그건　그것을 → 그걸
저것이 → 저게　저것은 → 저건　저것을 → 저걸

여기는 → 여긴　여기를 → 여길
거기는 → 거긴　거기를 → 거길
저기는 → 저긴　저기를 → 저길

예문 : **이것이**(**이게**) 내 책입니다.

그것은(**그건**) 무엇입니까?

아무 것도 없어요.

이것들은 모두 김 선생 그림입니다.

여기는(**여긴**) 서울역입니다.

저기를(**저길**) 어떻게 올라가요?

거기에 **무엇**이 있습니까?

주말에는 차가 밀려서 **아무데도** 가기 싫어요.

제 4 장

수 사

명사의 수량이나 순서를 가리키는 단어를 수사라 하는데, 양수사는 수량을 서수사는 순서를 가리킨다.

1. 양수사

양수사는 모든 수 개념의 기본이 되는 것이다.

아라비아 숫자	한글 수사	한자어 수사
1	하나	일
2	둘	이
3	셋	삼
4	넷	사
5	다섯	오
6	여섯	육
7	일곱	칠
8	여덟	팔
9	아홉	구
10	열	십
20	스물	이십
30	서른	삼십
40	마흔	사십
50	쉰	오십

60	예순	육십
70	일흔	칠십
80	여든	팔십
90	아흔	구십
100	백	백
1,000	천	천
10,000	만	만
100,000	십만	십만
1,000,000	백만	백만
10,000,000	천만	천만
100,000,000	억	억

*100 이상은 한자어 수사를 사용한다.

1) 한글 양수사

문장에 있어서 수사에 조사가 결합되어 쓰이거나, 단위를 나타내는 의존명사와 같이 쓰인다. 의존명사와 같이 쓰일 때는 관형사로 바뀐다.

예 : 빵 하나를 주세요.
수사
빵 한 개를 주세요.
관형사(수관형사)

양수사 관형사로 바뀌는 것을 보이면 다음과 같다.

양수사		관형사
하나	→	한
둘	→	두
셋	→	세
넷	→	네
다섯	→	다섯

⋮	→	⋮
⋮	→	⋮
열	→	열
스물	→	스무
스물하나	→	스물한
스물둘	→	스물두
스물셋	→	스물세
스물넷	→	스물네
스물다섯	→	스물다섯

예문 : 사탕 **하나** 줄까?
이 일은 혼자보다 **둘**이 하는 것이 낫겠다.
지금 **한** 시 몇 분이에요?
교실에 학생 **두** 명밖에 없어요.
혼자서 술 **세** 병을 마셨어요.
고양이가 새끼 **네** 마리를 낳았어요.

또, 두 개 이상의 수사가 합쳐지는 경우도 있는데, 이때 그 형태가 바뀌는 것이 있다.

예 : 커피 한두 잔
책 두세 권
연필 서너 자루
사과 너댓 개
국수 대여섯 그릇
선생님 예닐곱 분

한글 양수사로 날짜를 셀 때에는 아래와 같이 쓰인다.

1	하루(초하루)*	11	열하루
2	이틀	12	열이틀

3	사흘	13	열사흘
4	나흘	14	열나흘
5	닷새	15	열닷새(보름)*
6	엿새	20	스무날
7	이레	21	스무하루
8	여드레	28	스무여드레
9	아흐레	29	스무아흐레
10	열흘	30	그믐*

* '초하루'는 한 달의 첫날을, '그믐'은 마지막날을 의미한다.
* '보름'은 15일째와 15일간 둘 다를 의미한다.

예문 : 오늘은 5월 **초하루**에요.
부산에 가서 **사흘** 있을 거에요.
정월 **보름**은 대보름이라고 해요.
아파서 **보름**동안 회사에 못 나갔어요.
내일이 **그믐**인데 세금 다 냈어요?

2) 한자어 양수사

한자어 양수사는 쓰이는 경우가 한글 양수사와는 다르므로 주의해야 한다. 예를 들면 연, 월, 일이나 돈, 차용어(외래어) 등에 쓰인다.

예 : 1986년 2월 21일	천구백팔십육년 이월 이십일일
41쪽	사십일쪽
1,390원	천삼백구십원
제56과	제오십육과
3, 4개월	삼, 사개월
4인분	사인분
600그램(g)	육백그램
25킬로미터(km)	이십오킬로미터

2. 서수사

순서를 나타내는 말이다.

1) 한글 서수사

한글로 된 서수사는 '양수사+(번)째'로 이루어지는데, 차례나 회수를 나타낸다. 양수사 '하나, 둘, 셋, 넷'이 '첫, 두(둘), 세(셋), 네'로 바뀐다. '번'을 생략할 수도 있으나 열 이상에서는 생략할 수 없다.

예 : 첫(번)째
두(번)째 → 둘째
세(번)째 → 셋째
네(번)째 → 넷째
다섯(번)째
여섯(번)째
⋮
열번째
열 한번째
열 두번째

예문 : 그 분이 **첫번째** 손님입니다.
우리 집은 여기서 **네번째** 집입니다.
두번째 골목으로 들어 오세요.
일년 중 **첫번째** 달을 정월이라고 합니다.
그 마라톤 선수가 **세번째**로 들어왔습니다.

2) 한자어 서수사

한자어 서수사는 '제+양수사'로 되어 있는데 번호나 차례를 나타낸다.

예 : 제일
제이
제삼
제사
⋮
제십
⋮
제백십이

예문 : **제육과**를 펴 보세요.
제십차 UN총회가 열리고 있습니다.
한국은 나의 **제이의** 고향입니다.
제일차 시험에는 합격했습니다.
우리가 왈가왈부할 것이 아니라 **제삼자의** 말을 들어봅시다.

제 5 장

동 사

동사는 문장 안에서 서술어로 쓰여 주어를 풀이해 주는 역할을 한다. 문장 주체의 동작, 자연이나 물질의 작용 등 움직임을 나타내는 동사를 동작동사라 하고, 주어의 성질이나 상태를 나타내는 동사를 상태동사 또는 형용사라고 한다.

1. 동작동사

사물의 움직임이나 작용을 나타낸다.

예문 : 학생이 학교에 **간다**.
비가 **옵니다**.
아이가 밥을 **먹습니다**.
나는 노란색 옷을 **입었습니다**.
강물이 **흐른다**.

2. 상태동사

사물의 성질이나 상태를 나타낸다.

예문 : 이 백화점은 물건값이 **쌉니다**.
오늘 날씨가 매우 **좋습니다**.
여기에 꽃이 아주 **많습니다**.
저 아이는 **예쁩니다**.
나에게는 이 색이 **어울려요**.

동작동사와 달리, 상태동사는 명령형과 청유형이 없다. 또한, 동작동사는 '-ㄴ/는다'의 어미 활용을 하는데, 상태동사는 '다' 어미만을 취한다. 따라서 상태동사는 사전에 실린 기본형이 실제로 쓰이지만, 동작동사는 기본형으로 쓰이는 예가 드물다.

예문 : 학생들이 학교에 **간다**.
식당에서 밥을 **먹어라**.
날마다 한국말을 열심히 **공부하자**.
이 물건은 질이 **좋다**.
그 아이의 얼굴은 매우 **예쁘다**.

3. '-이다' 동사

1) '-이다' 동사는 한 문장 안에서 주어와 서술하고자 하는 명사가 동격이거나 주어가 서술명사에 포함됨을 의미한다. '-이다' 앞에는 대체로 명사가 놓이는데, 명사와 같은 구실을 하는 구나 절도 올 수 있다. 따라서, '-이다' 동사는 명사나 명사 상당어를 서술어가 되게 하는 서술격 조사의 역할을 한다.

예문 : 나는 김영수**입니다**.
이것은 책**입니다**.
이 책은 한국말 교과서**이다**.
오늘은 금요일**이에요**.
오늘 숙제는 5페이지까지**입니다**.

2) '-이다' 동사도 상태동사와 마찬가지로 활용을 한다. 종결어미로서는 서술형, 의문형, 감탄형으로 쓰이고 그 밖에 연결어미나 관형사형 어미 그리고 명사형 어미로의 활용도 가능하며 시제나 존대형 어미와의 결합은 동작동사와 같다.

예문 : 그는 매우 좋은 사람**이에요**.
아들이 군인**이에요**?
이것은 햅쌀**이구나**.
이 일은 네 책임**인데** 모른 척하기니?
아마 금년이 처음**일 것이다**.
네 말이 진정 사실**이기를** 바란다.
네가 나의 영원한 친구**임을** 고백하고 싶어.

3) '-이다' 동사에만 있는 특별한 어미활용이 있는데, 종결어미에서의 아주 높임과 아주 낮춤이다. 이것은 실제 생활에서 지금은 별로 쓰이지 않는다.

예 : '-(이)올시다', '-(이)로소이다'와 '-(이)로다', '-(이)로구나'

예문 : 산 뒤에 또 **산이로구나**.
그것은 제 **것이올시다**.
이는 저의 **소원이로소이다**.
보아하니, 그는 틀림없는 **선비(이)로군**.
그가 거짓말을 하다니 이상한 **일이로다**.

4) 모음으로 끝나는 말 뒤에서는 '-이'가 생략될 수 있다.

예문 : 이것은 의자(**이**)다.
네가 영자(**이**)구나.
키 작은 쪽이 언니(**이**)로군요.
참 맛있는 사과(**이**)네요.
이게 어제 온 편지(**이**)야.

5) '-이다'의 부정형인 '아니다'는 상태동사로 보며, '-이다', '아니다'는 상태동사와 흡사하게 활용한다.

예문 : 그 일은 제가 할 **일인데요**.
그럼 내가 걱정할 일이 **아니로군**.
그 사람은 양심 없는 사람은 **아닐** 거에요.
학생**인데** 늘 집에서 놀아요.
이 기사는 사실이 **아님**.

4. '있다' 동사

'있다' 동사는 주어가 존재함을 뜻하거나 무엇을 소유하고 있음을 뜻한다. 존재의 의미로 '있다' 동사의 존칭어는 '계시다'이며, 소유의 의미로는 '있으시다'이다.

예문 : 책이 책상에 **있어요**.
부모님이 집에 **계십니다**.
너희 회사는 어디에 **있니**?
할머니, 돈이 얼마나 **있으세요**?
너, 오늘 할 일이 **있니**?

'있다'는 동작동사적 요소와 상태동사적 요소를 함께 지니고 있어서 동작동사와 같이 활용하여 명령형이나 청유형으로 나타나기도 하고, 때로는 상태동사와 같이 활용하기도 한다.

예문 : 우리가 돌아올 때까지 너는 집에 **있어라**.
이 가방을 좀 가지고 **있어**.
밖에 나가지 말고 그냥 집에 **있읍시다**.
사장님이 요즘 한국에 안 **계신데요**.
돈은 **있는데** 시간이 없어 여행을 못 갑니다.

5. 동사의 활용

1) 활용의 방법

한국어의 동사는 어간과 어미로 구성되어 있는데, 어간은 변하지 않고 어미가 여러 가지 형태로 바뀐다. 이렇게 변하지 않는 어간에 변하는 어미가 두루 붙어, 문장의 성격을 여러 가지로 바꾸는 것을 활용이라고 한다.

2) 활용의 종류

동사는 활용을 통해서 여러 가지 기능을 하게 되는데, 그 기능에 따라 다음 〈표 9〉와 같이 분류할 수 있다.

〈표 9〉 동사의 활용

<table>
<tr><th colspan="3">기본형</th><th>가다</th><th>좋다</th><th>이다</th><th>있다</th></tr>
<tr><td colspan="2" rowspan="5">종결형어미</td><td>평서형</td><td>가-ㄴ다</td><td>좋-다</td><td>이-다</td><td>있-다</td></tr>
<tr><td>의문형</td><td>가-(느)냐</td><td>좋-(으)냐</td><td>이-냐</td><td>있-(느)냐</td></tr>
<tr><td>명령형</td><td>가-(아)라</td><td>/</td><td>/</td><td>있-어라</td></tr>
<tr><td>청유형</td><td>가-자</td><td>/</td><td>/</td><td>있자</td></tr>
<tr><td>감탄형</td><td>가-는구나</td><td>좋-구나</td><td>이-구나</td><td>있구나</td></tr>
<tr><td rowspan="5">비종결형어미</td><td rowspan="3">연결어미</td><td>대등적</td><td>가-고</td><td>좋-으며</td><td>이-며</td><td>있고</td></tr>
<tr><td>종속적</td><td>가-면</td><td>좋-으면</td><td>이-면</td><td>있-으면</td></tr>
<tr><td>보조적</td><td>가-고 있다</td><td>좋-지 않다</td><td>이-다</td><td>있-지 않다</td></tr>
<tr><td rowspan="2">전성어미</td><td>명사형</td><td>가-ㅁ</td><td>좋-음</td><td>이-ㅁ</td><td>있-음</td></tr>
<tr><td>관형사형</td><td>가-는</td><td>좋-은</td><td>이-ㄴ</td><td>있-는</td></tr>
</table>

3) 활용과 접미사

동사는 '어간+어미'로 되어 있는데, 어간과 어미 사이에 들어가서 여러 가지 문법적 기능을 하는 접미사가 있다. 이들 접미사는 피동, 사동, 존대, 시제, 상 등을 나타내는데, 이들이 여러 개가 함께 나타날 때는 일정한 순서에 따라 결합된다.

예문 : 어머니께서 아이에게 밥을 **먹이셨습니다.**
먹 — 이 — 시 — 었 — 습니다.
어간 사동 존대 시제 어미

김 선생은 회사에 **갔더군요.**
가 — 았 — 더 — 군요.
어간 시제 시상 어미

4) 불규칙동사

동사 활용시 어간과 어미가 결합하는 과정에서 어간, 어미 모두 형태가 변하지 않는 동사를 규칙동사라고 하고, 형태가 변하는 동사를 불규칙동사라고 한다. 불규칙동사 중 어떤 동사들은 어간 끝 부분이 바뀌거나 탈락되기도 하고 때로는 어떤 음소가 덧생기기도 하며, 어미가 바뀌는 것도 있다. 표로 보이면 다음과 같다.

〈표 10〉 불규칙동사

불규칙동사	변화의 양상	예		규칙동사
		동작동사	상태동사	
ㅅ 동사	어간의 끝소리 'ㅅ'이 모음 앞에서 탈락됨 예 : 짓+어 → 지어	짓다, 붓다, 긋다, 젓다, 잇다	낫다	벗다, 웃다, 씻다, 빗다, 솟다, 빼앗다
ㅂ 동사	어간의 끝소리 'ㅂ'이 모음 앞에서 '오/우'로 바뀜 예 : 돕+아 → 도와	돕다, 눕다, 깁다, 줍다	고맙다, 춥다, 반갑다, 덥다, 곱다, 맵다, 무겁다, 가볍다, 아름답다	잡다, 뽑다, 씹다, 입다, 접다
ㄷ 동사	어간의 끝소리 'ㄷ'이 모음 앞에서 'ㄹ'로 바뀜 예 : 듣+어 → 들어	걷다, 묻다, 듣다, 싣다, 긷다, 깨닫다		받다, 닫다, 얻다, 묻다, 믿다, 쏟다
르 동사	어간의 끝소리 '으'가 탈락하면서 'ㄹ'이 덧생김 예 : 부르+어 → 불러	부르다, 나르다, 고르다, 오르다, 누르다, 흐르다	다르다, 빠르다, 서투르다, 이르다	치르다, 들르다
ㅎ 동사	어간의 끝소리 'ㅎ'이 모음 앞에서 탈락하며, 어미 '어(아, 여)'가 '애'로 바뀜 예 : 그렇+어서 → 그래서		그렇다, 빨갛다, 노랗다, 까맣다, 파랗다	좋다, 놓다, 낳다.....

ㄹ동사는 활용시 어간의 끝소리 'ㄹ'이 'ㄴ, ㅂ, ㅅ' 앞에서 탈락되어 종전에는 불규칙동사로 간주되었으나, 요즘은 탈락현상으로 처리되고 있다. 그러나 활용할 때 'ㄹ'이 규칙적으로 탈락되므로 이 장에 덧붙여 설명하고자 한다.

(1) 'ㅅ' 불규칙동사

① 'ㅅ' 불규칙동사는 어간의 끝소리 'ㅅ'이 모음 앞에서 탈락된다.

종류	-어(아, 여)요	-(으)면
낫다	나아요	나으면
붓다	부어요	부으면
긋다	그어요	그으면
잇다	이어요	이으면
젓다	저어요	저으면
짓다	지어요	지으면

예문 : 이제 감기가 다 **나았어요**.
잔에 술을 가득히 **부었어요**.
금을 똑바로 **그으면**, 보기가 좋아요.
이 줄을 **이어서** 씁시다.
집을 **지어보면**, 얼마나 어려운 일인지 알게 돼요.

② 다음 동사는 어간의 끝소리가 'ㅅ'으로 끝나지만 위의 규칙을 따르지 않는 규칙동사이다.

빼앗다　벗다　웃다
씻다　빗다　솟다

예문 : 동생한테서 **빼앗은** 게 뭐에요?
손을 깨끗이 **씻으면** 좋겠는데…….
안경을 **벗으면** 딴 사람같이 보입니다.
머리를 예쁘게 **빗었네**.
너무 **웃어서** 배가 다 아파요.

(2) 'ㅂ' 불규칙동사

① 'ㅂ' 불규칙동사는 어간의 끝소리 'ㅂ' 이 모음 앞에서 탈락되고 '오/우' 가 첨가된다. 보통 '우' 가 첨가되는데 '돕다, 곱다' 의 경우에는 뒤에 어미 '-어(아, 여)' 가 올 때 '오' 가 첨가된다.

종류	-어(아, 여)요	-(으)면
반갑다	반가워요	반가우면
고맙다	고마워요	고마우면
아름답다	아름다워요	아름다우면
맵다	매워요	매우면
춥다	추워요	추우면
곱다	고와요	고우면
돕다	도와요	도우면

예문 : 너무 **반가우면** 눈물이 납니다.
지난번에는 참 **고마웠어요**.
매운 음식은 싫어요.
저 **아름다운** 하늘을 보세요.
아이들이 잘 **도와**줘요.

② 다음 동사는 어간의 끝소리가 'ㅂ' 으로 끝나지만 위의 규칙을 따르지 않는 규칙동사이다.

입다　　잡다　　씹다　　넓다　　업다
뽑다　　접다　　좁다　　집다　　붙잡다

예문 : 옷을 따뜻하게 **입어요**.
좁은 방에서 여러 사람이 잤습니다.
애기를 **업어서** 재웁니다.
교실에서 껌을 **씹으면**, 안 돼요.
그 분을 대통령으로 **뽑았어요**.

(3) 'ㄷ'불규칙동사

① 'ㄷ'불규칙동사는 어간의 끝소리 'ㄷ'이 모음 앞에서 'ㄹ'로 바뀐다.

종류	-어(아, 여)요	-(으)면
걷 다	걸어요	걸으면
묻 다	물어요	물으면
듣 다	들어요	들으면
싣 다	실어요	실으면
긷 다	길어요	길으면
깨닫다	깨달아요	깨달으면

예문 : 집에서 학교까지 **걸어와요**.
내가 **물으면** 대답하세요.
선생님이 **들은 대로** 이야기해 보세요.
차에 짐을 많이 **실었어요**.
잘못을 **깨달을 때까지** 아무 말도 하지 마세요.

② 다음 동사는 어간의 끝소리가 'ㄷ'으로 끝나지만 위의 규칙을 따르지 않는 규칙동사이다.

받다 닫다 얻다
믿다 묻다 쏟다

예문 : 생일날 선물을 **받으셨어요**?
친구한테서 예쁜 볼펜을 **얻었어요**.
쓰레기를 땅에 **묻어** 주세요.
문을 **닫으면** 먼지가 안 들어와요.
내 말을 좀 **믿어** 주십시오.

(4) '르' 불규칙동사

어간의 끝소리 '으'가 모음 '아'나 '어' 앞에서 탈락되고 'ㄹ'이 덧생겨서 '아'나 '어'가 '라'나 '러'로 바뀐다. 모음조화에 따라 '아, 오' 앞에서는 '라', '어, 우, 으, 이' 앞에서는 '러'가 된다(참조 145쪽).

종류	-어(아, 여)요
다르다	달라요
빠르다	빨라요
이르다	일러요
서두르다	서둘러요
나르다	날라요
고르다	골라요
부르다	불러요
흐르다	흘러요

예문 : 물건을 **골라서** 삽니다.
택시가 버스보다 훨씬 **빨라요**.
동양과 서양은 생활습관이 **달라요**.
아무리 **불러도** 대답이 없군요.

아버님 생신이 언제인지 **몰랐어요**.

(5) 'ㅎ' 불규칙동사

① 어간의 끝소리 'ㅎ'이 모음 앞에서 탈락되며, 어미의 첫소리 '어(아, 여)'는 '애'로 바뀐다. 이것은 상태동사에만 한한다.

종류	-(으)ㄴ	-(으)면	-(으)ㄹ까요?	(으)세요	-어(아, 여)요
어떻다	어떤	어떠면	어떨까요?	어떠세요?	어때요
이렇다	이런	이러면	이럴까요?	이러세요	이래요
그렇다	그런	그러면	그럴까요?	그러세요	그래요
저렇다	저런	저러면	저럴까요?	저러세요	저래요
빨갛다	빨간	빨가면	빨갈까요?	———	빨개요
까맣다	까만	까마면	까말까요?	———	까매요
파랗다	파란	파라면	파랄까요?	———	파래요
하얗다	하얀	하야면	하얄까요?	———	하얘요
노랗다	노란	노라면	노랄까요?	———	노래요

예문 : 이것이 **어떨까요**?
빨간 옷이 **노란** 옷보다 더 예뻐요.
그러면 우리 어디로 갈까요?
어떤 색을 좋아하세요?
그러시면, 언제 만날까요?

② 다음 동사는 어간의 끝소리가 'ㅎ'으로 끝나지만 위의 규칙을 따르지 않는 규칙동사이다.

많다　　괜찮다　　낳다
싫다　　좋다　　넣다……

예문 : **많은** 사람이 초대를 받았습니다.
그 부인이 어제 아들을 **낳았어요**.
싫어도 **싫은** 척을 하지 않는군요.
그 사람은 **괜찮은** 사람이에요.
좀더 **좋은** 생각은 없나요?

(6) 'ㄹ' 탈락현상

자음으로 끝나는 어간은 매개모음 '으'를 필요로 하는 경우가 있으나 'ㄹ' 자음은 '으'를 필요로 하지 않는다. 어간의 끝소리 'ㄹ'이 'ㄴ, ㅂ, ㅅ' 앞에서 탈락된다.

종류	-ㅂ/습니다	-(으)세요	-는
알 다	압니다	아세요	아는
놀 다	놉니다	노세요	노는
만들다	만듭니다	만드세요	만드는
팔 다	팝니다	파세요	파는
들 다	듭니다	드세요	드는
살 다	삽니다	사세요	사는
열 다	엽니다	여세요	여는
울 다	웁니다	우세요	우는
쓸 다	씁니다	쓰세요	쓰는

예문 : **아는** 사람을 만났어요.
아이들이 밖에서 **놉니다**.
집에서 빵을 **만드십니까**?
돈을 조금 **법니다**.
사과를 **파는** 아줌마가 예뻐요.

제 6 장

관형사

관형사는 홀로 독립하여 쓰이지 못하고, 항상 명사 앞에 놓여, 그 명사가 어떠한 것이라고 꾸며 주는 품사로서 다음과 같이 세 가지로 나눌 수 있다.

1. 지시관형사 : 이, 그, 저, 다른, 전
2. 수관형사 : 한, 두, 서너, 모든, 석
3. 성상관형사 : 새, 헌, 옛, 갖은

1. 지시관형사

어느 것이라고 지시하는 관형사이다.

예문 : **이** 아이는 제 동생입니다.
저 버스가 동대문에 갑니다.
요 꼬마가 노래를 잘 해요.

2. 수관형사

사물의 수량이나 차례를 나타내는 관형사를 말한다.

예문 : 책 **한** 권에 얼마입니까?
세 여자가 모이면 어떨까요?

여러 사람이 힘을 쓰면 모든 일을 쉽게 할 수 있어요.
뭐니 뭐니 해도 건강이 **첫째**입니다.

3. 성상관형사

사물의 겉과 속의 성질이나 상태를 '어떠한'의 방식으로 꾸며주는 관형사이다.

예문 : 나는 오늘 **새** 옷을 한벌 샀습니다.
여름에는 **날 생선**을 조심하세요.
인간은 **사회적** 동물입니다.
풋 나물 냄새가 상긋하지요.

관형사 앞에 관형사가 놓이는 경우도 있으나, 뒤에 있는 관형사를 수식하는 것이 아니라 그 다음의 명사를 수식하는 것이다.

예문 : **이 새 집**은 제 친구의 집입니다.
한 외 기러기가 날아가는구나.
어느 한 남자가 집을 보러 왔었어요.
무슨 날 음식을 먹었길래 배탈이 났니?
그런 민족적인 동기가 3.1운동을 일으키게 했다고 봐요.

제 7 장
부 사

부사는 동사뿐 아니라 관형사, 수사, 대명사, 부사 또는 문장을 한정하여 꾸며주는 역할을 하는데, 뜻에 따라 분류할 수도 있고 단어 형성의 방법에 따라 분류할 수도 있다.

예문 : 그건 **바로** 너 때문이야. (대명사 수식)
아주 낡은 옷을 버렸어요. (동사 수식)
바로 옆집에 살고 있어요. (관형사 수식)
오직 하나 바라는 것이 있어요. (수사 수식)
가장 일찍 온 학생이 누구에요? (부사 수식)

1. 의미에 의한 분류

1) 시간부사

시간의 전후관계를 나타낸다.

예문 : 나는 **어제** 다방에서 김 선생을 만났어요.
겨울이 되어서 **이제** 날씨가 추워질 거에요.
저는 **내일** 부산에 출장을 가려고 합니다.
고향을 떠난 지 **벌써** 1년이 지났습니다.
나는 머리가 아파서 **요즈음** 공부를 못했습니다.

주의 : '어제, 오늘, 내일, 모레, 지금'은 명사로 쓰이기도 한다.

예문 : **어제**가 내 생일이었습니다.
내 동생의 생일은 **오늘**입니다.
내일은 일요일입니다.
지금은 일곱 시 오 분 전입니다.

2) 빈도부사

동작이나 상태가 발생하는 빈도를 나타낸다.

예문 : 저는 **가끔** 김 선생과 같이 영화 구경을 갑니다.
그 사람은 **다시** 만나고 싶지 않아요.
저는 요즈음 **자주** 시장에 갑니다.
소나무는 **늘** 푸릅니다.
어제 책을 샀는데, 오늘 **또** 샀습니다.

3) 일반부사

일반적으로 널리 쓰이는 것으로, 각기 특별한 뜻을 나타낸다.

예문 : 우리들은 **모두** 연세대학교 학생입니다.
어제 어머니와 **함께** 시장에 갔습니다.
김 선생과 이 선생은 **서로** 좋아합니다.
배가 아픈데, 약을 **좀** 주시겠어요?
어젯밤에는 **겨우** 세 시간 잤어요.
저 아이는 공부를 **잘** 합니다.
일이 끝났으니까 **어서** 집으로 돌아 갑시다.

'그리, 전혀, 별로, 결코, 여간, 절대로' 등은 항상 부정형과 같이 쓰인다.

예문 : 내가 하는 일은 **그리** 어렵지 않습니다.
배가 아파서 아침 밥을 **전혀** 먹지 못했습니다.
나는 그 사람을 **별로** 좋아하지 않아요.
결코 나쁜 일은 하지 않겠습니다.
친구와 헤어지니까, **여간** 슬프지 않습니다.

4) 정도부사

정도를 나타낸다.

예문 : 그 사람은 노래를 **아주** 잘 부릅니다.
겨울은 가을보다 **훨씬 더** 춥습니다.
저는 **퍽** 오랫동안 고향에 가지 못했습니다.
김 선생은 영어를 **꽤** 잘 합니다.
설악산의 경치는 **매우** 아름답습니다.

2. 단어 형성 방법에 의한 분류

부사를 단어 형성의 방법에 따라 분류하면, 크게 본래부터 부사로 기능하는 것과 다른 단어(명사, 동사 등)에 파생접미사가 붙어 파생된 것으로 나뉜다.

단어 형성 방법에 따른 부사의 분류

본래부사	꽤, 여간, 더, 차라리, 퍽
파생부사	같이, 당연히, 정말로, 멀리

1) 본래부사

어원적으로 보아 본래부터 부사로만 기능하다는 것을 말한다.

예 : 여간, 오히려, 얼른, 가끔, 다시, 늘, 이미, 벌써, 더, 퍽, 꽤……

예문 : 그 소식을 **벌써** 들어 알고 있습니다.
밤보다 **오히려** 낮이 시원하더군.
고향에 가시게 되어 **여간** 기쁘시지 않겠습니다.
흐리다가 **가끔** 한두 차례 비가 올 겁니다.
꾸물대지 말고 **얼른** 따라오너라.

2) 파생부사

어근이나 어간에 부사화 접미사 '-이, -리, -히, -오/우, -로' 등이 붙어서 된 부사를 말한다.

-이

(1) 동사어근에 '-이'가 붙어 부사가 되는 경우

① 'ㅂ동사'(참조 77쪽)가 부사가 될 때,
곱다 → 고이, 쉽다 → 쉬이, 탐스럽다 → 탐스러이

예 : 반가이, 새로이, 가까이, 외로이, 자유로이

② '-하다'로 끝나지 않은 상태동사가 부사가 될 경우
없다 → 없이, 같다 → 같이, 깊다 → 깊이

예 : 높이, 길이, 많이, 헛되이, 바삐, 슬피

(2) 반복된 어근에 '-이'가 붙어 부사가 되는 경우
번번+이 → 번번이, 쌍쌍+이 → 쌍쌍이

예 : 나날이, 집집이, 곳곳이, 면면이, 낱낱이, 푼푼이

(3) 부사에 다시 '-이'가 붙어 부사가 되는 경우

일찍+이 → 일찍이

예 : 더욱이

(4) 어근이 'ㅅ' 받침으로 끝난 경우

예 : 방긋이, 깨끗이, 느긋이, 어렴풋이, 꿋꿋이, 반듯이

예문 : 그녀는 어떤 가정에서인지 **고이** 잘 자랐어요.
탐스러이 피어 있는 그 꽃 이름은?
큰어머님께서 **반가이** 맞아 주셨습니다.
한 푼도 **없이** 집을 떠났습니다.
그 분의 도움에 **깊이** 감사하고 있습니다.
이건 할아버지께서 물려주신 것이니까 **길이** 간직할 것입니다.
번번이 신세를 지는 사람에게 다시 신세를 지게 됩니다.
나날이 발전해 가는 이때, 고르한 생각을 좀 버리시오.
푼푼이 모아 둔 돈을 아들이 다 탕진해 버렸습니다.
일찍이 우리나라에 이런 일은 없었다.
이 독에 **가득이** 담겨 있던 쌀이 어디 갔을까?

-리

본래 '르'동사(참조 79쪽)인 상태동사의 어간이 부사로 될 때 어간의 끝소리 '으'가 탈락되면서 'ㄹ'이 덧생기고 '-리'가 붙는다.

빠르다 → 빨리, 다르다 → 달리, 멀다 → 멀리

예 : 게을리, 널리, 배불리

예문 : 거북이보다 토끼가 **빨리** 달릴걸.
달리 보아 둔 신부감이 있습니까?
사랑하는 님이 **멀리** 떠나갔습니다.
게을리 굴다가 입학 시험에 떨어졌습니다.
그 헛소문이 **널리** 퍼지고 말았어요.

-히

(1) 한자어 어근에 '-하다'가 붙어 상태동사가 되었을 때, 이 상태동사가 다시 부사가 되려면 어근에 '-히'가 붙는다. 이것은 그 파생의 범위가 상당히 넓다.

족하다 → 족히, 공손하다 → 공손히, 심하다 → 심히

예 : 상당히, 자연히, 충분히, 안녕히, 귀히, 급히, 대단히

(2) 고유어 어근에 '-하다'가 붙어 상태동사가 되었을 때에도 '-히'가 붙어 부사로 파생된다.

부지런하다 → 부지런히, 쓸쓸하다 → 쓸쓸히

예 : 느슨히, 골똘히, 거뜬히, 꼼꼼히, 알뜰히, 천천히, 뻔히, 가득히, 똑똑히, 딱히

예문 : **공손히** 인사하는 법을 배워야겠구나.
시간이 **상당히** 흘렀는데 그 일을 잊을 수가 없어요.
이 문제는 시간을 **충분히** 갖고 생각해 봅시다.
그는 무언가 **골똘히** 생각하고 있다.
좋지 않은 결과가 나올 줄 **뻔히** 알면서 그 일에 손을 대다니 알 수 없군요.

-(으)로

대개 명사에 '-(으)로'가 붙어 부사가 되는 경우가 있다.

정말+로 → 정말로, 실제+로 → 실제로, 때때+로 → 때때로

예 : 억지로, 참으로, 날로

예문 : 서울의 모습은 **실제로** 많이 달라졌다.
오늘은 **때때로** 소나기가 온다고 했습니다.
하기 싫은 일을 어떻게 **억지로** 할 수 있겠습니까?
남을 돕기란 **참으로** 어려운 일입니다.
우리 회사는 **날로** 발전하고 있습니다.

3) 미지칭 부사

의문의 뜻으로 또는 부정의 뜻으로 사용되는 부사이다.

예문 : 나무가 **왜** 말랐을까요?
어디에 갔었어요?
그 사람이 **어디에** 가고 없어요.
영수가 **아직** 안 일어났니?
난 그 일 **못** 해.

4) 접속부사

접속부사는 단어와 단어, 문장과 문장을 서로 이어주는 역할을 한다. 한국어의 접속부사는 본래 '그러하다, 그리하다' 등의 동사가 활용하여 이루어진 것도 있으나, 하나의 새로운 단어로 된 것이다. 즉 '그리고, 그러나, 그러면, 그래서, 그런데, 즉, 곧, 및, 혹은, 또는' 등이 있다. 여기서는 몇 개만 살펴보기로 하겠다.

그리고

(1) 선행문과 후행문의 내용에는 관계 없이 대등한 관계로 이어 주거나, 선행문에 새로운 내용을 덧붙이는 경우에 사용한다.

예문 : 책 **그리고** 연필도 주세요.
제 이름은 숙희예요. **그리고** 제 친구 이름은 영희구요.
그 사람은 마음이 좋습니다. **그리고** 얼굴도 예뻐요.
김 선생님은 영어를 잘 합니다. **그리고** 수학도 잘 합니다.
동생은 중학교에 다닙니다. **그리고** 형은 고등학교에 다닙니다.

(2) 선행문과 후행문의 내용이 차례로 일어나는 경우에도 쓰인다.

예문 : 아침을 먹었습니다. **그리고** 학교에 갔습니다.
어제 친구를 만났습니다. **그리고** 같이 다방에 가서 커피를 마셨습니다.
책을 샀습니다. **그리고** 그날 밤 그 책을 다 읽었습니다.
30분 동안 쉬겠습니다. **그리고** 다시 공부하겠습니다.
그 집에 전화를 했어요. **그리고** 30분 후에 갔는데 집에 없더군요.

그러나

앞 뒤의 문장 내용이 서로 반대되거나 대립되는 경우에 쓰인다. '그렇지만'과 대치된다.

예문 : 그 여자는 얼굴이 밉습니다. **그러나** 마음이 곱습니다.
그 분은 몹시 가난합니다. **그러나** 마음은 부자입니다.
오늘은 학교에 가는 날입니다. **그러나** 집에서 쉬겠습니다.
벌써 밤 12시입니다. **그렇지만** 아직 할 일이 많습니다.
나는 짠 음식을 좋아합니다. **그렇지만** 그 분은 좋아하지 않습니다.

그러면

선행문이 후행문에 대한 조건이 되고, 후행문에서 선행문에 대해 설명 또는 해설을 할 때 쓰인다.

예문 : 지금 몇 시입니까?
오전 8시 30분입니다.
그러면 출근해야겠습니다.

오늘 시간이 있습니까?
미안합니다. 오늘은 좀 바쁩니다.
그러면 내일은 어떻습니까?

장 선생님, 학생들이 왔습니다.
그래요? **그러면** 수업을 시작합시다.

우유는 소화가 잘 안 되는데요.
그러면 다른 걸로 시키죠.

그 식당은 늘 만원입니다.
아, 그렇습니까? **그러면** 미리 예약을 합시다.

그래서

선행문이 후행문의 이유나 원인을 나타낸다.

예문 : 배가 아픕니다. **그래서** 굶었습니다.
물건 값이 비쌉니다. **그래서** 사지 않았습니다.
첫눈이 내렸습니다. **그래서** 기분이 좋아요.
그 분은 외국사람입니다. **그래서** 한국말을 못합니다.
이 짐은 너무 무겁습니다. **그래서** 혼자 들 수 없군요!

그런데

(1) 선행문의 내용을 인정하나 그 내용에 대하여 후행문이 반대, 대립되는 내용일 때 쓰인다.

예문 : 비가 옵니다. **그런데** 우산이 없군요.
내일은 시험이 있습니다. **그런데** 공부를 하지 못했습니다.
신문을 샀습니다. **그런데** 아직 읽지 못했습니다.
빨간 연필은 있습니다. **그런데** 까만 연필은 없습니다.
그 분을 한 번 만난 일이 있습니다. **그런데** 이름을 잊었어요.

(2) 선행문의 내용에 대해서 다른 말로 전환하거나 보충, 설명하는 경우에 쓰인다.

예문 : 책상 위에 잡지가 있습니다. **그런데** 그 잡지는 동생이 찾던 것이었습니다.
어제는 외식을 했습니다. **그런데** 거기서 초등학교 동창을 만났습니다.
지난 주말에 소설을 읽었습니다. **그런데** 그 책은 전쟁에 관한 것이었습니다.
어제 친구를 만났습니다. **그런데** 그 친구는 벌써 결혼을 했더군요.
작년에 집을 하나 샀습니다. **그런데** 그 집은 문제가 많았습니다.

그래도

선행문의 내용을 인정하거나 양보하지만 후행문이 필요함을 나타낸다. 또한 선행문 상황으로는 예상할 수 없는 결과를 후행문에 나타내기도 한다.

예문 : 한국말이 어렵습니다. **그래도** 배우겠습니다.
오늘은 피곤합니다. **그래도** 이 일은 끝내겠습니다.
김치는 아주 맵습니다. **그래도** 한국사람은 잘 먹습니다.
공부를 열심히 하지 않았습니다. **그래도** 시험은 잘 봤습니다.

내일은 토요일입니다. **그래도** 출근해야 합니다.

그러니까

선행문의 이유에 대한 결과를 나타내는 후행문이 올 때 쓰인다.

예문 : 세상은 무서워요. **그러니까** 말조심 하세요.
한국말을 빨리 배우고 싶지요? **그러니까** 한국말로 하세요.
객지 생활이 힘들죠. **그러니까** 고향으로 돌아가세요.
이 반찬은 짜요. **그러니까** 조금씩 잡수세요.
내일 결승전이 있습니다. **그러니까** 일찍 자야 해요.

그러면서

선행문의 동작이나 상태에 더하여 후행문의 내용을 이어 줄 때 쓰인다.

예문 : 선생님이 이 책을 주셨습니다. **그러시면서** 내일까지 읽으라고 하셨습니다.
어머님은 외출하셨습니다. **그러시면서** 좀 늦게 돌아오시겠다고 말씀하셨습니다.
일이 너무 힘들다고 합니다. **그러면서** 쉬게 해 달라고 합니다.
내일은 애기 돌이라고 합니다. **그러면서** 저녁을 같이 먹자고 합니다.
인형을 저에게 주었습니다. **그러면서** 생일을 축하한다고 했습니다.

그렇지 않아도

선행문의 내용에 대해 화자 자신이 이미 그렇게 생각하거나 행동하려고 했음을 후행문에 나타낼 때 쓴다. '그러지 않아도'로 바꿀 수 있다. 후행문의 동사어미는 대개 '-(으)려고 했다, -(으)려던 참이다, -고 싶었다' 등을 사용한다.

예문 : 가 : 여기 콜라가 있으니 드세요.
나 : **그렇지 않아도** 음료수를 사러 가려고 했습니다.

가 : 이것 좀 가르쳐 주세요.
나 : **그렇지 않아도** 나도 이것을 물으려던 참이었어요.

가 : 시간이 있으세요? 여행이나 갑시다.
나 : **그렇지 않아도** 나도 그런 생각을 했는데…….

가 : 꽃 좀 꽂으세요.
나 : 웬 꽃이야? **그렇지 않아도** 꽃을 사려고 했는데.

가 : 김 선생님 계세요?
나 : 어서 오세요. **그러지 않아도** 한 번 뵙고 싶었어요.

즉

선행문의 문장이나 단어의 내용을 더 강조하여 '다른 것이 아니라 곧, 바로 그것이, 더 말할 필요 없이, 그러할 때는, 그렇게 될 때는'의 의미로 사용한다.

예문 : 두 가지가 다르다. **즉** 양과 질의 문제이다.
근심이 **즉** 병의 원인이 된다.

5) 의성부사와 의태부사

사물의 모양이나 태도, 동작, 소리를 상징하여 표현하는 말이다. 즉 동작이나 태도를 될 수 있는 대로 비슷하게 말소리로 표현한 것을 의태어라고 하고, 동물이나 자연계의 소리를 흉내낸 것을 의성어라고 한다. 의태어 중에는 명사나 상태동사도 있으나 부사가 가장 많다.

의태어 : 반짝반짝, 슬슬, 깡총깡총, 흔들흔들……
의성어 : 드르렁드르렁, 졸졸, 짤랑짤랑, 펄럭펄럭……

예문 : 아기가 나를 보고 **방긋방긋** 웃어요.
학생들이 **옹기종기** 모여서 뭘 하고 있네요.

포도가 **주렁주렁** 열려 보기 좋군요.
코 고는 소리가 **드르렁드르렁** 시끄럽군요.
감기에 걸려서 하루종일 **콜록콜록** 해요.

3. 어미활용에 의한 동사의 부사형

동사에 부사형 어미 '-게'가 붙어 부사어와 같은 기능을 한다. 그러나, 이 때에는 '-게'가 붙은 동사가 완전히 부사로 파생된 것이 아니라, 동사이면서 부사의 기능을 하는 것이다. 따라서, 사전에 기본형으로 실려 있는 동사어간에 '-게'를 붙인 것이다. 그리고, 이것은 거의 모든 상태동사에 붙을 수 있다.

크다 → 크+게 → 크게, 차다 → 차게, 놀랍다 → 놀랍게

예 : 푸르게, 나쁘게, 다르게

예문 : 그 사람은 사업을 해도 **크게** 할 사람이야.
감기에 걸렸을 때는 몸을 **따뜻하게** 해야 돼요.
그 선수는 공을 **정확하게** 넣습니다.
한국의 가을 하늘은 유난히 **푸르게** 보입니다.
그 아이가 일 년 동안에 **놀랍게** 자랐습니다.

4. 부사의 위치

부사는 문장 내에서 꾸미는 말 바로 앞에 오는 것이 일반적이다. 따라서 부사의 위치는 문장을 수식하면 문장 앞에 오고, 동사나 다른 부사를 수식하면 그 앞에 와야 자연스럽다. 부사의 위치가 잘못되면 문장의 의미가 제대로 전달되기 어렵기 때문이다.

예문 : **다행스럽게**, 철수는 감기가 다 나았습니다.
내일 친구가 우리 집에 **오기로** 했습니다.
주말에는 **가끔** 영화 구경을 합니다.
아침에 밥을 **너무 많이** 먹었어요.
김 선생과 이 선생은 **서로** 도우면서 지냅니다.

제 8 장

감탄사

감탄사는 활용이 안 되며, 뒤에 조사가 붙지 못한다는 특징을 가지고 있다. 또 문장 안에서 그 위치가 비교적 자유롭기 때문에 독립어에 속한다. 감탄사의 쓰임은 대체로 다음의 3가지로 나눌 수 있다.

1. 말하는 사람의 본능적 놀라움이나 느낌을 나타낸다.

예문 : **어머나**, 벌써 점심 때가 되었네요.
뭐, 사고가 났다고?
오! 하나님, 감사합니다.
아니, 누가 그런 말을 해요?
아이, 깜짝이야.
와, 경치가 그만이네요.
야, 하늘에 별들이 반짝 반짝 빛나네요.
흥, 자기는 뭘 그렇게 부지런하다구.
글쎄, 그게 사실이라면 큰일이죠 뭐.

2. 남을 부르거나 대답할 때 쓰인다.

예문 : **여러분**, 나를 믿어보세요.
여보게, 잠깐 만나세.

야, 네 이름이 영철이 맞지? 몰라보게 컸네.
예, 오늘 오후에 회의에 갈 거에요.

3. 말할 때 버릇처럼 내는 단어가 있다.

예문 : 저 분을 어디서 만났더라. **어**, 생각이 안 나는데요.
과장님, **저**, 이 일은 내일 해도 늦지 않겠죠?
얘, 이렇게 하면 어때? **음**, 다음 주에 다시 의논하자.

제 9 장

조 사

조사는 주로 체언에 붙어서 격을 결정하여, 문장 안에서 그 말과 다른 말과의 일정한 문법적 관계를 나타내는데 체언 외에 부사, 부사격조사, 연결어미, 다른 조사에도 결합된다. 기능에 따라서 분류하면 다음과 같이 격조사, 접속조사, 보조사로 나뉜다.

〈표 11〉 조 사

분 류		형 태
격조사	주격조사	이/가, 께서, 에서
	목적격 조사	을/를
	보격조사	이/가
	관형격조사	의
	부사격조사	에, 에게. 한테, 께, 에서, 에게서, 한테서, 로
	호격조사	아/야/(이)여
접속조사		와/과, 하고, 에(다), (이)며, (이)랑
보조사		은/는 도 만, 뿐 까지, 마저, 조차 부터 마다 (이)야 (이)나, (이)나마

1. 격조사

선행하는 명사로 하여금 일정한 자격을 가지도록 해 주는 조사를 격조사라 한다. 격조사에는 주격, 목적격, 보격, 관형격, 부사격, 호격조사가 있다.

1) 주격조사

-이/가, -께서, -에서

(1) 한 문장의 주어임을 표시해 주는 조사이다. 선행 명사의 끝음절에 받침이 있으면 '이', 받침이 없으면 '가'가 쓰인다.

예문 : **눈이** 옵니다.
꽃이 예쁩니다.
버스가 달립니다.
죽느냐 사느냐가 문제입니다.
택시로 가는 것이 더 빠릅니다.

(2) 주어를 높여 말할 때는 '께서'가 쓰인다. 이때, 동사 어간에는 존칭 접미사 '(으)시'가 호응되어 쓰여야 한다(참조 142쪽).

예문 : **아버님께서** 지금 말씀중이십니다.
김 선생님께서 댁으로 가셨습니다.
사장님께서는 외출하셨어요.
선생님께서는 요즘 어떻게 지내십니까?
할머님께서 집에 돌아 오셨어요.

(3) 단체나 기관이 문장의 주어일 때는 '에서'가 쓰인다.

예문 : 이번 경기는 우리 **학교에서** 우승을 했다.
김 선생님 **댁에서** 우리를 초대했습니다.
정부에서 뭐라고 말했습니까?

(4) 어떤 경우에는 주격조사가 붙은 명사가 두 번 이상 나타나기도 한다. 이때, 맨 앞의 명사는 문장 전체의 주어이고, 다음의 명사는 서술절의 주어가 된다.

예문 : 철수**가** 마음**이** 착합니다.
순희**가** 기억력**이** 좋습니다.
코끼리**가** 코**가** 깁니다.
그 사람**이** 의사**가** 되었어요.
저 분**이** 김 선생**이** 아니에요.

(5) 1인칭 대명사 '나' 와 '저', 2인칭 대명사 '너', 미지칭 '누구' 에 주격조사가 붙으면, 각각 내가, 제가, 네가, 누가' 가 된다.

예문 : **내가** 그 일을 했습니다.
제가 숙제를 했어요.
네가 어제 나에게 전화를 했니?
누가 영어를 가르칩니까?

2) 목적격조사

-을/를

(1) 문장에서 목적어임을 표시하는 조사이다. 선행 명사의 끝음절에 받침이 있으면 '을', 받침이 없으면 '를' 이 쓰인다.

예문 : 그 분은 **운동을** 좋아해요.

나는 아침에 **신문을** 읽습니다.
저 분은 **영어를** 잘 합니다.
나는 어제 부모님께 **편지를** 썼습니다.
점심을 맛있게 먹었습니다.

(2) 다른 조사나 어미에 붙어 강조의 뜻을 나타낸다. 이때 '를'은 'ㄹ'로 줄어들기도 한다.

예문 : 몇 시쯤 **집에를** 가세요?
전 **부산엘** 자주 출장 갑니다.
매일 **시장엘** 들르십니까?
놀라질 마세요.
그 아이가 말을 잘 **듣질** 않아요.

(3) 주격조사와 목적격조사는 생략되기도 한다. 이것은 구어체에 많이 나타난다.

예문 : 책(**이**) 어디 있니?
그 사람(**이**) 의사입니까?
운동(**을**) 좋아하십니까?
저 분은 영어(**를**) 잘 합니다.
철수(**가**) 밥(**을**) 먹었어요.

3) 보격조사

-이/가

보격조사는 주격조사와 형태는 같으나 의미, 기능에 의해 구별된다. 선행 명사의 끝음절에 받침이 있으면 '이', 받침이 없으면 '가'가 쓰인다.

예문 : 나는 **아이가** 아닙니다.
그 학생은 **3학년이** 되었다.

그건 제 **책임이** 아닌 것 같은데요.

4) 관형격조사

-의

(1) 명사와 명사 사이에서 두 명사를 묶어, 보다 큰 명사구를 이룬다. 흔히, 속격 또는 소유격 조사라고 부르기도 한다. '-의'는 문장에서 생략되는 경우가 많지만, 생략될 수 없는 경우도 있다.

예문 : 이건 **누구(의)** 안경이에요?
그 분(의) 직업이 뭐에요?
요즘 **부산(의)** 날씨는 어떻습니까?
시골의 아름다운 풍경을 그리고 있습니다.
평화의 종소리가 울립니다.
가을은 **독서의** 계절입니다.

(2) 대명사 '저, 나, 너'에 관형격조사 '의'가 붙으면, 축약되어 각각 '제, 내, 네'로 쓰이기도 한다.

예문 : **제(저의)** 이름은 김영수입니다.
내(나의) 짐은 차에 실었어.
이건 **네(너의)** 책이니?

5) 부사격조사

문장에서 부사어임을 표시하는 조사이다. 이것은 앞에 있는 명사와 서술어에 따라서 여러 가지 뜻으로 쓰이기 때문에 그 종류도 다양하다. 또 이것은 주격이나 목적격조사와는 달리, 잘 생략되지 않는다.

-에게/한테, -께, -에

(1) 사람이나 동물에는 '-에게' 또는 '-한테'가 쓰이며, 그 이외에는 '-에'가 쓰인다.

예문 : 철수가 **꽃에** 물을 줍니다.
나무에 손을 대지 마시오.
나는 **친구에게** 생일 선물을 보냈어요.
누구에게 편지를 쓰십니까?
누가 **고양이한테** 방울을 달지?

(2) '-께'는 '-에게/한테'에 비하여 존칭의 뜻을 갖는다.

예문 : **선생님께** 여쭈어 보세요.
부모님께 말씀을 드렸습니다.
할머님께 안부 전해 주세요.
어른들께 먼저 인사를 드리세요.
박 선생님께는 초청장을 보내지 못했습니다.

(3) 조사 '-에'는 여격(-에, -에게/한테, -께) 외에 여러 가지로 쓰인다.

① 동작의 이동을 뜻하는 동사와 어울릴 때, 이동의 도착점을 나타낸다.

예문 : 영수가 **김포공항에** 나갔습니다.
나는 **학교에** 갑니다.
내일 우리 **집에** 오세요.
이 기차는 내일 아침 **부산에** 도착합니다.
고향 **집에** 편지를 보냈습니까?

② 이동의 뜻이 없는 동사가 서술어이고, 장소를 나타내는 명사에 붙어 쓰이면 공간적 위치의 범위를 표시한다.

예문 : 저는 내일 **집에** 있겠습니다.
부모님은 제 **고향에** 계세요.
철수는 **대학교에** 입학했습니다.
그 옷은 내 **몸에** 꼭 맞아요.
이 약은 **신경통에** 좋습니다.

③ 시간을 나타내는 명사에 붙어, 시간적인 범위를 나타낸다.

예문 : **몇 시에** 학교에 갑니까?
아침에 우리 집에 오세요.
나는 **토요일에** 집에 있었어요.
시월에 제주도에 가겠습니다.
여름에는 바닷가에 가요.

④ 서술어의 동작에 대한 원인을 나타낸다.

예문 : **바람에** 나무가 쓰러졌습니다.
천둥 **소리에** 깜짝 놀랐어요.
비에 옷이 흠뻑 젖었군요.
가뭄에 벼가 다 탔어요.
그 친구는 **병에** 시달리고 있습니다.

⑤ 수를 나타내는 명사 뒤에 쓰여, 가치 판단 기준의 단위를 나타낸다.

예문 : 그것을 **얼마에** 사셨어요?
이 물건은 **한 개에** 천 원입니다.
일주일에 닷새 일해요.
한 달에 한번 출장 갑니다.
이 시계는 **하루에** 1분씩 틀려요.

-에서, -에게서/한테서

(1) 장소를 나타내는 명사에 '-에서'가 쓰여, 서술어의 동작이 일어난 장소를 나타내며 동작동사와 어울린다.

예문 : **어디에서** 일하십니까?
시장에서 바지를 샀습니다.
한국에서 무엇을 하십니까?
길에서 친구를 만났어요.
친구가 **사무실에서** 기다려요.

(2) '-에서'가 공간적 또는 시간적인 출발점을 나타내는 경우도 있다.

예문 : 어느 **나라에서** 오셨어요?
학교에서 몇 시에 집에 갑니까?
열에서 일곱을 빼면 셋이 됩니다.
이 책은 **도서관에서** 가져 왔어요.
저는 아침 **여섯 시에서** 일곱 시 사이에 일어납니다.

(3) 사람이나 동물을 뜻하는 명사에는 '-에게서/한테서'가 붙어 '-(으)로부터'의 뜻을 나타내며 사람이나 동물 이외의 명사에는 '-에서'를 사용한다. '-에게서'와 '-한테서'는 서로 바꿔 쓸 수 있다.

예문 : 나는 **어머니에게서** 그 말을 들었어요.
친구에게서 초대를 받았어요.
영자한테서 그 책을 빌리겠습니다.
개한테서 냄새가 나요.
그 **회사에서** 배운 것이 많아요.

(4) '-에서'는 '-에'와 같이 장소를 나타내지만, 그 쓰임이 달라서 서로 바꿀 수 없다. 이것은 서술어에 따라 '-에서'와 '-에'가 선택되기 때문이다.

예문 : 학생들이 **교실에** 있습니다.
학생들이 **교실에서** 공부합니다.

쥐가 저 **구멍에** 숨어 있어요.
쥐가 저 **구멍에서** 죽었어요.

다방에 친구와 같이 갔어요.
다방에서 친구를 만났어요.

저는 어제 **서울에** 왔습니다.
저는 **서울에서** 태어났습니다.

시장에 갑니다.
시장에서 물건을 삽니다.

-(으)로

(1) 조격조사는 어떤 행위에 대한 수단이나 방법 등을 나타내는 것이 기본적이다. 앞의 명사의 끝음절에 받침이 있으면 '-으로', 없으면 '-로'가 쓰인다. 'ㄹ'받침만은 예외로 '로'가 쓰인다.

예문 : 한국에 **비행기로** 왔어요.
한국음식은 **수저로** 먹어요.
붓으로 그림을 그립니다.
그 책상은 **나무로** 만들었어.
녹음 **테이프로** 한국말을 공부합니다.
영어로 말씀하세요.
연필로 쓰세요.

(2) '-(으)로'는 조격 외에 여러 가지로 쓰인다.

① 움직임을 나타내는 동사와 함께 쓰여, 동작의 방향을 나타낸다.

예문 : **어디로** 가세요?
내일 **유럽으로** 떠납니다.
그 버스는 **종로로** 가지 않아요.
저는 **남쪽으로** 여행을 가고 싶어요.
오른쪽으로 돌아가세요.

② 어떤 일이 일어나게 된 원인, 이유를 나타낸다.

예문 : **무슨 일로** 오셨어요?
저는 **병으로** 무척 고생했습니다.
그 사람은 **교통사고로** 많이 다쳤습니다.
회사 **일로** 정신이 없어요.
이번 **비로** 피해가 많아요.

③ 어떤 행동의 양태나 변화의 귀착점을 나타낸다.

예문 : 그 사람은 반가운 **얼굴로** 나를 맞이했습니다.
서로 **악수로** 인사를 나눕니다.
이젠 밝은 **마음으로** 돌아 왔습니다.
물이 얼어서 **얼음으로** 변했어요.
결국 동생과 같이 **가기로** 결정했어요.

(3) '-(으)로'는 사람을 뜻하는 명사에 붙어, 자격이나 신분, 지위를 나타낸다.

예문 : 저는 **선교사로** 한국에 왔습니다.
그 분은 **의사로** 병원에서 일해요.
그 분은 **운전기사로** 취직했습니다.
그 친구가 졸업생 **대표로** 답사를 했습니다.

신부감으로 어떤 여자가 좋아요?

-(으)로서

자격이나 신분, 지위를 나타내는 조사로, 때로는 '-(으)로'로만 쓰일 수도 있다.

예문 : 그는 **사회사업가로서** 이름이 났어요.
권투선수로서 유명한 사람은 누구지?
그 사람은 **지도자로서** 자격이 없어요.
그는 고아를 **아들로** 삼았어요.
선생으로서의 책임을 다 해야지요.

-(으)로써

명사나 동작동사의 명사형에 붙어 도구나 수단을 나타내는 조사이다. 동사의 명사형 '(으)ㅁ'이 붙는 경우가 많다.

예문 : 옳은 정치를 **함으로써** 이 나라가 부강해져요.
일을 성실히 **함으로써** 기반을 잘 닦을 수 있어요.
힘을 **합침으로써** 어려움을 이겨낼 수 있어요.
독서로써 교양을 쌓을 수 있습니다.
여행으로써 견문을 넓히려고 하죠.

6) 호격조사

-아, -야, -(이)여

어떤 인물이나 대상을 부를 때 쓰는 조사이다. 선행명사 끝음절에 받침이 없으면 '-야, -여'가 붙고 받침이 있으면 '-아, -이여'가 붙는다.

예문 : **영철아**, 너 어디 가니?
수희야, 빨리 와 봐.
태풍이여, 멈춰라.
젊은이들이여, 야심을 가져라.
정치인들이여, 각성하라.

2. 접속조사

-와/과, -하고, -(이)랑

(1) 문장 내에서 두 단어를 대등하게 이어주는 기능을 한다. 선행명사의 끝음절에 받침이 없으면 '-와, -랑', 있으면 '-과, -이랑'이 쓰인다. 그리고 '-하고'와 '-(이)랑'과 바꿔 쓸 수 있다.

예문 : 이 방에 **의자와** 책상이 많아요.
시장에서 **생선과** 채소를 삽니다.
토요일과 일요일에는 한가해요.
선생님하고 학생이 이야기하고 있어요.
철수랑 순희는 학교에 갔습니다.

(2) 두 개의 명사를 필요로 하는 서술어와 같이 쓰이면, 두 명사와 함께 하는 공동성이나 비교의 뜻을 나타낸다. 즉 뒤에 오는 서술의 내용에 따라 선택되기도 한다.

예문 : 철수는 **영수와** 싸웠어요.
철수가 **순희와** 결혼할 것입니다.
이 물건은 **내 것과** 비슷합니다.
김 선생은 **이 선생하고** 친합니다.
나는 어제 **친구랑** 같이 구경을 했습니다.
나도 **그와** 같은 생각을 했어요.

그는 어린 **아이와** 같이 마음이 고와요.
자연과 더불어 혼자만의 시간을 가졌어요.
난 **동창들과** 어울려 모교를 찾아 갔습니다.
그 **사람과의** 약속을 꼭 지키고 싶었어요.

-에(다가)

조사 '-에'에 '-다가'가 붙어서 두 단어를 같은 자격으로 이어주는데, 선행명사에 어떤 것을 첨가 또는 부가하는 의미가 있다. 때로는 '가'가 생략되어 '-에다', '-다가'가 생략되어 '-에'로 쓰이기도 한다.

예문 : **밥에 떡에** 아주 많이 먹었어요.
친척에 친구에 손님들이 많았어요.
청소에 빨래에 얼마나 힘들었다구요.
하나에다가 둘을 더하면 셋이에요.
그 술은 독하니까 **거기에다** 얼음을 넣어서 드세요.
수첩에다가 전화번호를 적어 놓았어요.
과일에 채소까지 샀더니 너무 무거워.
이 일에다 그 일까지는 할 수 없는 것 같아요.

-(이)며

둘 이상의 단어를 같은 자격으로 이어주며 나열할 때 쓴다. 선행명사 끝음절에 받침이 있으면 '-이며', 없으면 '-며'가 붙는다.

예문 : **아이며 어른이며** 할 것 없이 다 바쁘다.
정치가며 국민이며 모두가 힘을 합쳐야지요.
집이며 가구며 온통 다 불에 탔어요.
고기며 생선이며 가리지 않고 잘 먹어요.
밤이며 낮이며 조용할 날이 없어.

3. 보조사

선행하는 체언에 특별한 의미를 더해주는 조사이다.

-까지

(1) 일정한 시간적 기간이나 공간적 구간의 종결점을 나타낸다.

예문 : **언제까지** 기다리시겠어요?
동대문까지 같이 갑시다.
오늘은 **150쪽까지** 읽겠습니다.
어젯밤 **늦게까지** 책을 보았어요.
성공할 **때까지** 돌아오지 않겠어요.

(2) 기대 밖의 상황이 일어났음을 나타내려고 할 때 쓰이기도 한다.

예문 : **너까지** 나를 믿지 못하면 어떻게 하지?
대학까지 졸업하고 그걸 몰라?
졸업할 때는 **최고상까지** 탔다.
사무실에서까지 잠을 자면 큰일이에요.
고향에 있는 **가족에게까지** 소문이 났습니다.

-깨나

'어느 정도'의 뜻이 있는 접미사 '-깨'에 '대략의 양이나 수'를 나타내는 조사 '-나'가 붙어, 어느 정도 사실이거나 일리가 있음을 나타낸다.

예문 : 그 아이는 **고집깨나** 세요.
얼굴이 **심술깨나** 부리게 생겼네요.
그 사람은 **말깨나** 하는 사람이야!

힘깨나 쓴다고 자랑하고 있어.
돈깨나 있다고 꽤 거만하군 그래.

-는/은

대조의 뜻이나 화제를 나타내며, 받침이 있으면 '-은', 없으면 '-는'이 쓰인다.

(1) 주어나 목적어가 되는 명사에 쓰일 경우에는 주격조사와 목적격조사가 없어지고 그 자리에 '-은/는'이 쓰인다.

예문 : **저 분은** 김 선생이에요.
이 **연필은** 참 좋아요.
나는 아침에 일찍 일어납니다.
애기가 **밥은** 잘 먹습니다.
그 가게에서 **사과는** 파는데 포도는 없어요.

(2) 다른 조사, 부가, 연결어미, 동사어미 뒤에 연결되어 쓰이기도 하는데, 이때 '-는'이 '-ㄴ'으로 줄기도 한다.

예문 : 저는 **아침엔** 바빠요.
이 버스는 **종로론** 안 가요.
이 문장은 **조금은** 이해합니다.
기분이 **좋진** 않아요.
돈이 **있으면은** 사겠어요.

-(이)나

선택의 뜻을 지녔는데, 쓰임에 따라 약간의 차이가 있다. 앞 음절에 받침이 있으면 '-이나', 없으면 '-나'로 쓰인다.

(1) 두 개의 명사 사이에 쓰여 '이것 아니면 그것'이라는 택일의 뜻이 있다.

예문 : **커피나 홍차**를 주십시오.
미국이나 불란서에 가고 싶어요.
다방이나 식당에서 만납시다.
기차나 고속버스로 관광을 합니다.
그 사람은 **닭고기나 돼지고기** 중 하나는 못 먹을 거에요.

(2) '-(이)나' 앞에 명사가 오고 뒤에 동사가 뒤따르는 형식으로 '다른 것이 아니라 이것을 선택한다'는 뜻이지만, 그 선택이 그리 마음에 들지 않는 경우일 때 쓰인다. '-(이)나' 앞에 조사가 붙는 경우도 있다.

예문 : 심심한데 **장기나** 둡시다.
주말에 **등산이나** 갈까요?
음악회에나 가 봅시다.
교외로나 나갈까요?
놀지만 말고 **책이나** 좀 읽어요.

(3) 대략의 수량을 알려달라는 의도를 가진 의문문에 주로 사용된다.

예문 : 손님이 **몇 명이나** 오세요?
그 아이가 **몇 살이나** 되었어요?
그 일은 **며칠이나** 걸려요?
돈이 **얼마나** 있어요?
과자를 만드는 데 계란이 **몇 개나** 필요해요?

(4) 대략의 수량을 나타내는데, 예상보다 많다는 느낌을 나타낸다.

예문 : 저는 어제 **열 시간이나** 잤어요.
친구를 **삼십 분이나** 기다렸어요.

그는 불고기를 **오 인분이나** 먹어요.
하루에 커피를 **일곱 잔이나** 마셔요?
전 지난번에 **4km나** 걸었어요,

(5) 의문대명사와 같이 쓰이면, '모두' 또는 '얼마나'의 의미가 된다.

예문 : **누구나** 노력하면 성공할 수 있어요.
그는 **무엇이나** 할 줄 알아요.
저는 음식은 **아무거나** 잘 먹어요.
그녀는 **언제나** 웃음을 띠어요.
몸이 **어떻게나** 무거운지 일어나지 못했어요.

-(이)나마

지칭하는 대상이 별로 마음에 들지 않으나 아쉬운 대로, '-더라도, -지만'의 뜻으로 양보의 뜻을 나타낸다.

예문 : 작은 **힘이나마** 도움이 되었으면 합니다.
그 분 생일에는 작은 **성의나마** 보여 드리고 싶어요.
저는 돈이 없으니 **몸으로나마** 도와야지요.
늦게나마 비행기가 무사히 도착해서 다행입니다.
잠결에 **어렴풋이나마** 문 소리를 들었습니다.

-도

어떤 것이 다른 것과 동일함을 나타내거나, 어떤 다른 것에 그것이 포함된다는 의미를 가지며, 명사, 조사, 부사 그리고 동사어미 뒤에 붙는다.

(1) 명사 뒤에서 쓰이는 경우

예문 : **저도** 학생이에요.
그는 **정구도** 잘 쳐요.
그녀는 **공부도** 잘 하고 **일도** 잘 합니다.
그 아이는 **아버지도 어머니도** 안 계십니다.
그 사람은 **학생도** 아니고 **선생도** 아니에요.

(2) '-이/가, -을/를, -은/는' 이외의 조사나 부사 그리고 동사어미 뒤에 붙어 강조의 뜻을 나타낸다.

예문 : **일요일에도** 회사에 나갑니다.
한국에도 친구가 많아요.
저 기차는 **빨리도** 달리는군요.
그 분은 아파서 회사에 **가지도** 못했습니다.
그 여자는 **예쁘지도 밉지도** 않습니다.

-(이)든지

특정한 것을 선택하지 않고 듣는 이에게 선택권을 부여하는 경우에 쓴다. 의문사 뒤에 쓰여 정해지지 않은 대상을 지시하는 경우도 있고, '-(이)든지 -(이)든지'로 중첩되어 쓰이기도 한다.

예문 : **배든 사과든** 마음대로 사세요.
밥이든 빵이든 좀 먹어야 힘을 내지.
누구든지 와서 이것 좀 도와 주십시오.
언제든지 자기 잘못을 뉘우칠 때가 있을 거야.
이거든 저거든 하여튼 결단을 내려서 시작하세.

또한 '-에, -에게, -(으)로' 등의 조사 뒤에 붙어 쓰이기도 한다.

예문 : **여름에든지 겨울에든지** 여행을 떠납시다.
법이란 **누구에게든지** 골고루 적용되는 거지.
무엇으로든지 시간에만 맞춰 가면 되죠?
무슨 병에든지 쓰이는 약을 만병통치약이라 하지요.
너무 부끄러워 **어느 구멍으로든지** 숨고 싶었어요.

-(이)ㄴ들

양보와 반문을 겸하여 '-(이)라 할지라도 어찌'의 뜻으로 쓰며, 선행 명사의 끝음절에 받침이 있으면 '-인들', 받침이 없으면 '-ㄴ들'로 쓰인다.

예문 : 내가 이렇게 마음이 아픈데 **넌들** 왜 안 그렇겠니?
네가 가자면 **어딘들** 못 가겠니?
마음만 먹으면 **뭣인들** 못하랴.
목석이 아닌 바에야 **정인들** 없겠어.
우리도 분한데 **당사잔들** 오죽하겠습니까?

-(이)라도

마음에 충족스럽지 않으나 구태여 구별하지 않음을 나타낸다. 때로는 의문사와 같이 쓰여 부정적 지시의 뜻을 나타내기도 한다.

예문 : **감기라도** 들면 어떻게 해요?
아무거라도 좋으니, 읽을 책 좀 주세요.
어디라도 괜찮으니까 가자.
네가 오지 못하면 **동생이라도** 보내.
내일이라도 만나서 의논해 봅시다.

'-에, -에서, -(으)로, -부터, -까지' 등의 조사 뒤에 붙기도 한다.

예문 : **저녁에라도** 시간 좀 내 주세요.
어디서라도 오라고 하면 일하러 갈 겁니다.
젓가락으로 먹기가 어려우니까 **손으로라도** 먹겠어요.
이제부터라도 열심히 하면 성공할 수 있습니다.
이번 **주말까지라도** 번역을 끝내 주셨으면 합니다.

'이유'나 '순차적 나열' 또는 '방법'을 나타내는 어미 '-어(아, 여)서' 다음에 쓰이기도 한다(참조 213쪽).

예문 : 어떤 방법을 **써서라도** 목적을 달성해야겠습니다.
틈을 **내서라도** 여행 좀 갔다 오렴.
은행 융자를 **받아서라도** 공사를 끝내야죠.
모르는 건 **배워서라도** 알아야지.
때려서라도 나쁜 버릇을 고쳐야 해요.

-(이)라든지

선행명사에 대하여 특정하게 선택되지 않은 것임을 나타내며 둘 이상의 명사를 나열할 때 사용한다. 때로는 '-(이)라든가'와 대치되기도 한다.

예문 : 의사가 운동을 하라지만, **공이라든지 줄넘기란든지** 뭐 운동기구가 있어야 하지요.
그 일은 **김군이라든지 이군이라든지** 누구든 시키면 잘 할 거야.
심심하면 **정구라든지 골프라든지** 좀 배워 보면 어떨까요?
정월엔 **연날리기라든지 널뛰기라든지** 같은 민속놀이를 하죠.
그림 그리는 **재주라든가** 노래 부르는 재주는 타고 나는 거에요.

-(이)라서

(1) 명사 뒤에 붙어 '-(이)기 때문에' 정도의 뜻을 나타내며, 때로는 의문대명사 '누구'에 붙어서 '뉘라서'로 바뀌어 '누가…감히…'의 뜻으로도 사용된다.

예문 : **어른이라서** 말씀드리기가 어려워요.
우리는 오래 전부터 **친구라서** 서로를 잘 알고 있답니다.
무능한 **사람이라서** 일을 잘 해 낼지 걱정이에요.
너무 늦은 **밤이라서** 전화를 걸기가 좀 어렵습니다.
뉘라서 그의 뜻을 꺾으랴.

(2) '-(이)라서' 뒤에 '그런지'를 연결하면, 후행문의 어떤 사실에 대한 원인을 추측하여 선행문에 제시하는 것이다.

예문 : **봄이라서 그런지** 온몸이 나른해지는 것 같아요.
외제라서 그런지 값이 엄청나군요.
시험 **기간이라서 그런지** 도서실이 만원이에요.
학위 **논문이라서 그런지** 수준이 높군요.
남의 **것이라서 그런지** 애착이 안 가요.

-(이)랍시고

명사에 붙어 어떤 사실을 얕잡아 이르는 경우에 쓰는 접속형 조사이다. 선행 명사의 끝음절에 받침이 있으면 '-이랍시고', 받침이 없으면 '-랍시고'가 쓰인다.

예문 : 자기가 **책임자랍시고** 일은 하지 않고 소리만 친다.
이 집의 **가장이랍시고** 집안일에는 손끝 하나 대지 않는다.
반장이랍시고 우리들에게 심부름만 시켜요.
나이 많은 **사람이랍시고** 아무에게나 반말하는 건 좋지 않아요.
그 분야의 **권위자랍시고** 다른 사람의 학설을 인정하려 들지 않는다.

-(이)ㄹ랑

자기 의사로 가려서 가리키는 말로 '-는'과 비슷하게 앞에 있는 명사를 강조할 때 쓴다. 주어나 목적어 자리에 쓰며, 조사 '-에, -에서' 뒤에 붙여 쓰기도 한다.

예문 : **남의 것일랑** 놓아두고 네 것이나 챙겨.
여기 **걱정일랑** 하지 말고 그 일에 전념하세요.
널랑 참견하지 말고 저리 가 있거라.
노래방에는 가더라도 **오락실엘랑** 가지마.
길에설랑 한눈 팔지 말고 집으로 곧장 오너라.

-마다

(1) 명사에 붙어 '하나하나 빠뜨리지 않고 모두'의 뜻을 나타낸다.

예문 : **날마다** 일기를 씁니다.
해마다 농사가 잘 돼요.
집집마다 태극기를 달았어요.
지방마다 특색이 있습니다.
가는 **곳마다** 환영을 받았습니다.

(2) 접두사 '매-'와 호응되어 뜻이 더욱 두드러지기도 한다.

예문 : **매일마다** 여덟 시간씩 일해요.
매주일마다 교회에 나가세요?
매달 말일마다 월급을 받습니까?
매시간마다 선생님이 바뀝니다.
매 삼 개월마다 상여금을 줍니다.

-마저

어떤 것에 다른 것까지 포함시켜서 말할 때 쓰여, '하나 남은 마지막까지 모두'의 뜻을 나타낸다.

예문 : **너마저** 그런 말을 하니?
남편을 잃은 지 얼마 안 돼서 **아들마저** 잃었어요.
몸이 약해져서 좋아하던 **술마저** 못 먹게 되었습니다.
빚 때문에 **집마저** 팔았답니다.
그 **친구마저** 내 곁을 떠나고 말았습니다.

-만

'오직 그것만'이란 뜻과 강조의 뜻을 나타내며, 명사, 조사, 부사 그리고 동사 어미 뒤에 붙는다.

명사에 붙을 경우 주로 주어나 목적어 자리에 붙이며, 주격조사와 목적격조사는 생략된다.

예문 : 그는 공부는 안 하고 **잠만** 자요.
김치만 잡수시면 짜요.
그 분만 내 마음을 아실 겁니다.
이번만은 꼭 성공하세요.
저는 싼 **옷만** 사 입어요.

다른 조사나 부사 그리고 동사어미 뒤에도 붙일 수 있다.

예문 : **아침에만** 공부하고, 오후에는 사무실에 가요.
저는 쭉 **서울에서만** 살았어요.
그 편지를 **저한테만** 보여 주세요.

빨리만 읽지 마세요.
철수는 말을 **듣고만** 있어요.

-밖에

선행 문장의 내용이나 상황의 한계를 나타내며, 후행문에는 부정형이 따르는 것이 보통이다. 조사 '-는'이 붙으면 강조의 의미가 더해진다. '그것 말고는, 그것 이외에는'의 뜻을 나타낸다.

예문 : 전 한국말을 **조금밖에** 못해요.
술을 **한 잔밖에** 마시지 않았는데요.
그 사람은 **자기밖에** 모릅니다.
10분밖에는 여유가 없으니, 서두르십시오.
한 번밖에 없는 기회를 놓치고 말았습니다.

동사어간에 '-(으)ㄴ/는/(으)ㄹ 것'을 붙여 명사형으로 만든 후, 그 뒤에 '-밖에'를 쓰기도 한다.

예문 : 그 아이는 눈만 뜨면 **먹는 것밖에** 몰라요.
돈은 오늘 **쓸 것밖에** 없는데…….
그는 먹고 **자는 것밖에는** 하는 일이 없어요.
선생님이 **말씀하신 것밖에는** 기억나지 않아요.
줄 줄은 모르고 **받는 것밖에** 모르는가 봐요.

-보고

회화체에서 '-에게'의 뜻을 나타낸다. 후행문에 '말하다, 묻다, 웃다, 욕하다' 같은 동사를 많이 사용한다.

예문 : **나보고** 뭐라고 그랬니?

그 말이 바로 **너보고** 하는 소리야.
누구보고 바보라고 해?
어른보고 반말을 하면 못 써.
너보고 웃는 저 사람이 누구니?

-보다

두 가지 이상을 비교할 때 쓴다.

예문 : 철수가 **영수보다** 더 큽니다.
비행기가 **기차보다** 빨라요.
한라산이 **설악산보다** 높습니다.
오늘은 **어제보다** 더운 것 같아요.
돈보다 중요한 것이 무엇이라고 생각하세요?

-부터

시간적, 공간적인 출발점 또는 시발점을 나타낸다.

명사와 함께 쓰이는 경우

예문 : 오전 **9시부터** 수업을 시작합니다.
내일부터 학교에 일찍 오세요.
이 꽃은 **2월부터** 펴요.
오늘은 **제5과부터** 공부하겠습니다.
기초부터 잘 배워야 해요.

다른 조사, 부사, 동사어미 뒤에 쓰이는 경우도 있다.

예문 : **학교에서부터** 걸어 왔어요.
부모님으로부터 물려 받은 것이 많군요.

아침 **일찍부터** 서둘러야 해요.
어려서부터 재주가 있었어요.
태어나면서부터 벙어리야.

명사 뒤에 붙어서 시발점 또는 '먼저'의 뜻을 강하게 나타내는 경우도 있다.

예문 : **무엇부터** 시작할까요?
손부터 씻고 잡수세요.
어떤 식당은 **돈부터** 내요.
눈 뜨면 **담배부터** 피우는 사람이 있어요.
반대부터 하지 말고 내 말 좀 들어주세요.

-부터 -까지

시간과 장소의 출발 지점과 도착 지점을 같이 나타낼 때 쓴다.

예문 : 저는 오전 **여덟 시부터** 오후 **다섯 시까지** 근무해요.
제일과부터 제오과까지 시험 보겠어요.
일월부터 삼월까지 제일 바빠요.
아침부터 저녁까지 놀기만 해요.
지금부터 내일 아침까지 굶으세요.

다른 조사나 동사어미 뒤에도 쓰이는데, 조사 '-에서'가 붙는 경우에 '-에'가 생략되기도 한다.

예문 : **여기서부터 집까지** 걸어 갑시다.
지금으로부터 십 년 전까지의 역사를 알아 보세요.
집에 도착해서부터 지금까지 줄곧 쉬었습니다.
그 약을 **먹고부터 이제까지** 아주 건강했습니다.
그 사람을 **만나고서부터 지금까지** 행복하게 살아요.

-뿐

다른 것은 제외하고 그것만을 택하는 경우에 쓰며, 대개 뒤에 '-이다'를 쓴다.

예문 : 내가 아는 사람은 **이 사람뿐입니다**.
말뿐이지 실제는 다르다.
나뿐 아니라 모두들 기뻐했어요.
산에 **돌뿐이고** 나무가 많지 않아요.
내 말을 듣고 있는 사람은 **너뿐이구나**.

-(이)야

(1) 앞의 명사를 지정하는데, 대조, 배타의 뜻을 가지면서 '물론, 당연히 그렇다'는 뜻을 더 강조하는 경우에 쓰인다. 장소나 시간을 나타내는 조사 '-에, -에서'와 함께 쓰이기도 한다.

예문 : 한국생활이 **재미야** 있죠.
말이야 쉽지만, 실천하기 어렵죠.
철수가 **힘이야** 세지요. 공부는 못하지만…….
배가 고플 때에야 라면도 맛이 있지.
집에서야 편한 옷을 입죠.

(2) '말로'와 함께 '-(이)야말로'로 쓰여 앞의 명사를 한정하며 그 뜻을 한층 더 강하게 표현한다.

예문 : **오늘이야말로** 내게는 잊을 수 없는 날입니다.
불국사의 **석굴암이야말로** 한국 예술품의 대표입니다.
결혼이야말로 일생에서 가장 중요한 일입니다.
그 사람이야말로 우리 회사에 없어서는 안 될 사람이다.
그 소문이야말로 믿을 수 없는 헛소문이다.

(3) 동사 '-이다'의 활용형 '-이라'에, 강세의 조사 '-야'가 붙어 '-(이)라야'로도 쓰이는데, 지정의 뜻이 더욱 강하다.

예문 : **한국사람이라야** 한국말을 가르칠 수 있어요?
책임감이 강한 **사람이라야** 그 일을 할 거에요.
부자라야 그런 집을 살 수 있을 거에요.
연한 **고기라야** 노인이 잡수실 수 있습니다.
싸고 **좋은 물건이라야** 잘 팔립니다.

(4) '-고 말다'에 '야'가 붙어 '-고야 말다'로 쓰여, 본동사의 내용을 더욱 강조하거나 연결어미 '-고' 뒤에서 그 완료적 의미를 더욱 강하게 드러내 준다.

예문 : 전 그 분의 말을 **듣고야** 알았습니다.
그 내용을 **알고야** 안심을 했습니다.
무엇을 시작하면 **끝내고야** 마는 성미입니다.
그 분한테서 꼭 돈을 **받아내고야** 말겁니다.
그렇게 머리가 **나쁘고야** 무슨 일을 하겠습니까?

(5) '-이/가 아니고야'로 쓰여 그것이 아니면, 후행의 내용이 불가능하다는 뜻으로 쓰인다. 즉, '-이기 때문에 후행의 내용이 이루어진다' 정도의 뜻을 강하게 표현한다. 때로는 '-이/가 아니고서야'로도 쓰인다.

예문 : **천재가 아니고야** 어찌 그걸 다 외울 수 있을까?
바보가 아니고야 왜 그 말도 모르니?
귀신이 아니고야 어떻게 앞일을 그렇게 잘 알겠어?
사랑하는 사람이 아니고야 자기 목숨까지 버릴 리가 있겠습니까?
도둑놈이 아니고서야 남의 물건을 가져 가겠니?

-조차

명사나 조사에 붙어 "-까지도"의 뜻으로 기대밖이거나 뜻밖의 상황을 강하게 나타낸다. 명령형이나 청유형에는 잘 쓰이지 않는다.

예문 : 그 사람은 **눈물조차** 흘리지 않았습니다.
그것은 더 이야기할 **가치조차** 없습니다.
선생님이 오실 줄은 **생각조차** 못했어요.
너무 바빠서 밥 먹을 **시간조차** 없습니다.
가족들조차도 그 분의 행방을 알 수 없었어요.

-(이)ㄴ즉

명사에 붙어 '-(으)로 말할 것 같으면'의 뜻으로 쓰인다. 선행 명사의 끝음절에 받침이 있으면 '-인즉', 받침이 없으면 '-ㄴ즉'이 쓰인다. '-(이)ㄴ즉슨'도 쓴다.

예문 : 그 사람의 **얘긴즉** 그 말이 사실이래요.
야! 이 **글씬즉** 명필이로다.
이런 **시험인즉** 누워서 떡 먹기죠.
의사 **말인즉슨** 병명을 환자에게 알리는 게 도움이 된답니다.
사실인즉슨 그 회사는 부도나기 일보 직전이랍니다.

-처럼

어느 것을 다른 것에 비교했을 때 거의 같을 정도로 비슷함을 나타내는 경우에 쓰인다.

예문 : 달이 **대낮처럼** 밝아요.
순희는 **사과처럼** 얼굴이 빨개졌어요.
나는 **너처럼** 거짓말은 못해.

저 아이는 **어른처럼** 말합니다.
이처럼 맛있는 과일은 처음 먹어 봅니다.

-치고

(1) 어떤 명사에 붙어 '그 전체가 예외 없이'의 뜻을 나타내는 말로 후행문에는 흔히 이중 부정으로 강한 표현을 사용한다.

예문 : **키 큰 사람치고** 싱겁지 않은 사람이 없어요.
우리 회사 **직원치고** 그렇게 늑장부리는 사람 없습니다.
동물치고 이렇게 사람을 따르는 동물은 처음 보았다.
사람치고 돈 싫어하는 사람이 있습니까?
여자가 할 수 있는 **일치고** 이건 너무 힘든 일입니다.

(2) '-치고'에 '-는'을 붙여 강조하며, '그 중에서는', '예외적으로' 등의 뜻을 나타낸다.

예문 : **중고차치고는** 새 차 같다.
얼굴이 예쁜 **사람치고는** 마음이 고운데.
아이치고는 너무 어른스럽군.
음식 **솜씨치고는** 그녀를 따를 사람이 없는 것 같아.
이름치고는 참 멋있는 이름입니다.

-커녕

(1) 선행된 조건보다 더 못한 조건이나 상황을 설명하고자 할 때 쓰인다. 어떤 사실을 부정함은 물론 그보다 덜한 것까지 부정할 때 쓰는 말이다. 주로 명사에는 '-은/는 커녕'을, 동사에는 '-기는 커녕'을 쓰며 '-커녕' 다음에 오는 명사나 어미 다음에 조사 '-도'가 붙는다.

예문 : **편지는 커녕** 전화 한 통도 못 받았죠.
밥은 커녕 물도 마실 수 없어요.
애인은 커녕 변변한 친구 하나 없답니다.
예습은 커녕 복습도 해 오지 않아요.
자기는 커녕 누워 보지도 못하고 출근했어요.

(2) '-커녕' 뒤에 조사 '-조차'가 붙은 명사나 명사구가 오면, 앞의 명사 뿐 아니라 뒤의 것에도 한층 더 강한 부정적 의미를 부여한다.

예문 : **밥은 커녕** 죽 **한 그릇조차** 못 먹었어요.
책은 커녕 잡지조차 읽지 않으니, 뭘 알겠어요?
일은 커녕 심부름조차 해 주는 사람이 없으니, 답답하군요.
피서는 커녕 수영 **한번조차** 못 하고 여름을 지냈습니다.
금메달은 커녕 동메달조차도 못 땄어요.

제10장
시 제

한국어의 시제는 말하는 사람의 발화 시점과 사건이나 행위, 상태 등이 일어난 시점에 따라 현재시제, 과거시제, 미래시제로 구분된다. 그런데 시제를 나타내면서 상도 표현하기 때문에 반드시 시간적인 의미로만 해석되지는 않는다.

한국어의 시제를 나타내는 방법은 다음과 같다.

- 종결형의 활용어미에 의한 표현(참조 〈표 12〉)
- 관형사형 어미로도 시제 표현이 가능하다. 이는 제13장 활용어미에 의한 특수 표현(관형사형 어미 217쪽)에서 다루기로 한다.
- 시간을 나타내는 부사어가 문장에 쓰여 시제를 더욱 분명히 해준다.

1. 종결형의 활용어미에 의한 표현

1) 현재형

예문 : 학생이 학교에 **간다**.
아이가 지금* 밥을 **먹는다**.
학생들이 노래를 **배웁니다**.
요즘 과일 값이 **비쌉니다**.

김 선생님은 마음이 **좋습니다**.
저 사람은 **회사원입니다**.
책상 위에 책이 **있습니다**.
오늘은* 날씨가 참 **좋아요**.

*주의 : '지금', '오늘'은 시간 부사어로 시제를 더욱 분명히 해준다.

사물의 성질이나 현재의 상태, 반복되는 동작이나, 습관 그리고 불변의 진리는 현재형으로 표현한다.

예문 : 지구는 **돈다**.
인간은 만물의 **영장이다**.
봄이 오면 꽃이 **핀다**.
사람은 누구나 한번은 **죽는다**.
나이가 차면 결혼을 해야 **합니다**.
그 아이는 늘 모자를 **쓴다**.

발화시 이후에 사건이 일어나도 그것이 예정된 일이면, 현재형으로 표현한다.

예문 : 난 내일 아침 비행기로 **떠난다**.
시험 결과는 내일 알려 **드려요**.
아들이 내년에 대학을 **졸업해요**.
30분 있으면 학교 수업이 **끝나요**.
비행기가 곧 출발합니다. 빨리 **타세요**.

2) 과거형

한국어의 과거시제는 동작동사의 어간이나 상태동사 어간에 과거시제를 나타내는 어미 '-었(았, 였)'을 붙여 쓴다.

〈표 12〉 종결형의 활용어미

종결형 / 사전형	-(ㄴ/는)다	-ㅂ/습니다	-어(아, 여)요	-지 않아요
가 다	간다	갑니다	가요	가지 않아요
보 다	본다	봅니다	봐요	보지 않아요
먹 다	먹는다	먹습니다	먹어요	먹지 않아요
배우다	배운다	배웁니다	배워요	배우지 않아요
쓰 다	쓴다	씁니다	써요	쓰지 않아요
치 다	친다	칩니다	쳐요	치지 않아요
하 다	한다	합니다	해요	하지 않아요
좋 다	좋다	좋습니다	좋아요	좋지 않아요
비싸다	비싸다	비쌉니다	비싸요	비싸지 않아요
예쁘다	예쁘다	예쁩니다	예뻐요	예쁘지 않아요
이 다	이다	입니다	이에요	이지 않아요*
있 다	있다	있습니다	있어요	있지 않아요

* 실제로는 '-이지 않아요' 보다 '-이/가 아니에요'를 더 많이 쓴다.

〈표 13〉 과거형

종결형 / 사전형	-었(았, 였)다*①	-었(았, 였)습니다	-었(았, 였)어요	-지 않았어요
가 다	갔다*②	갔습니다	갔어요	가지 않았어요
보 다	보았다/봤다	보았습니다	보았어요	보지 않았어요
먹 다	먹었다	먹었습니다	먹었어요	먹지 않았어요
배우다	배웠다*②	배웠습니다	배웠어요	배우지 않았어요
쓰 다	썼다*②	썼습니다	썼어요	쓰지 않았어요
치 다	쳤다*②	쳤습니다	쳤어요	치지 않았어요
하 다	하였다/했다*②	하였습니다/했습니다	했어요	하지 않았어요
좋 다	좋았다	좋았습니다	좋았어요	좋지 않았어요
많 다	많았다	많았습니다	많았어요	많지 않았어요
예쁘다	예뻤다	예뻤습니다	예뻤어요	예쁘지 않았어요
이 다	이었다	이었습니다	이었어요	
있 다	있었다	있었습니다	있었어요	있지 않았어요

*① 동사어간의 모음이 'ㅏ', 'ㅗ' 일 때는 '-았' 을 붙이고, 모음이 'ㅓ', 'ㅜ', 'ㅡ' 일 때는 '-었' 을 붙이고 '하다' 동사는 '-였' 을 쓴다.

*② ㅏ+ㅏ → ㅏ, ㅗ+ㅏ → ㅘ, ㅜ+ㅓ → ㅝ,
ㅡ+ㅓ → ㅓ, ㅣ+ㅓ → ㅕ, ㅏ+ㅕ →ㅐ 〈표 16 모음조화 참조〉

(1) '-었(았, 였)' 을 쓰면, 사건이나 상태가 과거였음을 나타낸다.

예문 : 어제 비가 **왔어요**.
어머님이 **외출하셨습니다**.
그 아이는 어릴 때 무척 **예뻤어요**.
그 사람은 제 한국말 **선생이었습니다**.
나는 어제 집에 **있었어요**.

(2) 어떤 사건이 완료되어, 그 상태가 현재까지 계속되는 것을 나타낸다.

예문 : 그 사람은 어제 부산에 **갔어요**.
지금 숙제를 다 **끝냈습니다**.
김 선생을 **만났어요**.
그림을 그렸다가 **찢어버렸어요**.
이제 담배를 **끊었습니다**.

(3) 발화시보다 훨씬 이전에 일어난 사건, 행위, 상태를 표시할 때나, 과거의 경험을 나타낼 때는 '-었(았, 였)었-' 을 쓴다.

예문 : 김 선생이 어제 여기에 **왔었어요**.
그 사람의 주소를 **알았었는데**, 지금은 잊어 버렸어요.
그 여자는 가끔 빨간 옷을 **입었었다**.
나는 어제 부산에 **갔었어요**.
그 분은 미국에 **유학갔었어요**.

(4) 과거 관련 부사어 '작년, 어렸을 때, 학생이었을 때, 젊었을 때' 등이

쓰여 과거임을 더욱 분명히 나타낸다.

예문 : 나는 **작년에** 부산에 **갔었어요**.
젊었을 때는 기억력이 **좋았었다**.
나도 **얼마 전에** 여기서 **먹었었습니다**.
오래전 그 분도 여기 **선생님이었었습니다**.
그 분은 **예전에** 미국에 **유학갔었어요**.

(5) 과거의 어떤 사건을 회상하여, 그 때의 시간으로 돌아가서 말할 때 '-더'가 나타난다. 이때, 종결어미로는 '-라, -군' 등이 나타나는 제약이 있다.

예문 : 김 선생은 어제 고향 집에 **가더라**.
어제는 날씨가 꽤 **춥더군요**.
그 사람을 만나 보니 제 **친구더군요**.
새마을호는 아주 **빠르더라**.
김치가 맛이 **있더군요**.

3) 미래형

(1) 미래는 '-겠' 또는 '-(으)ㄹ 것/거'로 나타낸다. '-겠'은 화자의 강한 의지가 들어간 표현이고 '-(으)ㄹ 거에요'는 단순한 미래, 또는 '-겠'보다는 약한 의지를 나타낸다. 좀더 자세한 것은 〈표 14〉로 제시한다.

예문 : 오늘 친구들이 집에 놀러 **오겠군요**.
내일은 집에 **있을 거에요**.
이 음식을 맛있게 **먹겠습니다**.
그 책들은 이제 **읽지 않겠어요**.
오늘 영화 구경을 **갈 거에요**.

〈표 14〉 미래형

종결형 / 사전형	-겠다	-겠습니다	-겠어요	-지 않겠어요	(으)ㄹ 거에요
가 다	가겠다	가겠습니다	가겠어요	가지 않겠어요	갈 거에요
보 다	보겠다	보겠습니다	보겠어요	보지 않겠어요	볼 거에요
읽 다	읽겠다	읽겠습니다	읽겠어요	읽지 않겠어요	읽을 거에요
있 다	있겠다	있겠습니다	있겠어요	있지 않겠어요	있을 거에요

(2) '-겠'은 주어가 1인칭일 때, 의지를 나타낸다.

예문 : 다시는 그 사람을 **만나지 않겠어요**.
나는 지금 숙제를 **하겠어요**.
다방에 가서 커피를 **마시겠습니다**.
내일은 꼭 그 일을 **끝내겠습니다**.
일이 있으면 집으로 **연락하겠습니다**.

(3) '-겠'은 추측을 나타내기도 한다.

예문 : 내일은 비가 **오겠군요**.
그 사람도 부인을 **만나겠지요**.
어린 아이도 그 일은 **할 수 있겠어요**.
그 문제는 나도 **풀겠어요**.
김 선생은 지금쯤 제주도에 **도착했겠어요**.

4) 진행형

진행형은 '-고 있다'를 쓴다. 동작동사에만 쓰는데, 대개 시제를 나타내는 명사와 같이 사용한다. 주체를 높여서 말할 때는 '-고 계시다'로 쓰인다. 반복되는 사건이나 습관을 나타내기도 한다.

예문 : 친구가 지금 **기다리고 있습니다**.
아버님은 손님과 **이야기하고 계십니다**.
어제는 집에서 **숙제하고 있었습니다**.
그 사람은 요즈음 소설을 **쓰고 있어요**.
날마다 한국말을 **공부하고 있습니다**.

제11장
존대법과 낮춤법

한국어의 특징에서 이미 말했듯이 한국어의 존대법(높임말)과 낮춤법(반말)은 어떤 다른 나라의 언어보다 발달되었다. 그래서 언어 생활에서의 높임말과 반말을 올바로 구사해야 함은 매우 중요하다. 말에는 화자(말을 하는 사람)와 청자(말을 듣는 사람) 그리고 말 속의 주체자(주어)가 존재하며, 그들의 사회적 지위, 연령, 친분관계, 가족관계를 고려해서 존대말과 낮춤말의 순위가 정해진다. 그리고 한국어의 높임말과 반말의 형태를 편의상 1) 주체 높임법 2) 상대 높임법 3) 기타 높임법으로 나누어 생각할 수 있다.

1. 주체 높임법

쉽게 말하면 주체 높임법이란 문장의 주체(주어)를 높인다는 뜻이며, 그 사용법은 동사어간(동작동사, 상태동사, 이다동사, 있다동사)에 높임을 나타내는 '-(으)시' 의 어미를 붙여 쓴다. 다음 〈표 14〉로 제시한다.

〈표 14〉

	동사어간	Vst+(으)시①	Vst+(으)십니다
동②	가- 보- 읽-	가시- 보시- 읽으시-	가십니다 보십니다 읽으십니다
상②	예쁘- 좋-	예쁘시- 좋으시-	예쁘십니다 좋으십니다
이②	이-	이시-	이십니다
있②	있-	있으시-	있으십니다

① 동사어간의 모음으로 끝나면 '시'가 붙고 자음으로 끝나면 '으시'를 붙여 쓴다.

② 동(동작동사), 상(상태동사), 이(이다동사), 있(있다동사)임.

(1) 동사어간에 '-(으)시'를 붙여 문장의 주체를 높인다.

예문 : 선생님께서 학교에 **가십니다.**
아버지께서 신문을 **보십니다.**
어머님이 성경을 **읽으십니까?**
한국말을 배우셔서 **좋으십니까?**
그 꽃이 그렇게 **예쁘십니까?**
저 분이 김 박사님**이십니다.**
한국말 책이 **있으십니까?**

(2) 듣는 사람이 문장의 주체보다 높을 경우에는 주체가 화자보다 윗사람이더라도 '-(으)시'가 쓰이지 않는다.

예문 : 할아버지, 아버지가 지금 **왔습니다.**
어머니, 형이 돌아 **왔어요.**
박사님, 제 선배는 **교수에요.**

선생님, 이 사람은 제 **형인데요**.
교수님, 김 선배가 논문을 **발표했대요**.

(3) 주체가 높아도 객관적 입장, 즉 뉴스나 지식 전달을 위한 교과서 등의 공식적인 표현에서는 '-(으)시'가 쓰이지 않는다.

예문 : 대통령이 미국을 **방문한다**.
김유신 장군은 삼국을 **통일했습니다**.
졸업식에서 총장이 격려사를 **했다**.
군 책임자가 일선을 **시찰했다지요**?
그 사고의 책임을 학교장이 **졌다**.

(4) 높여야 할 대상의 신체의 부분이나 개인적인 소유물에는 '-(으)시'를 붙여서 간접적으로 높인다.

예문 : 선생님께서는 감기가 **드셨습니다**.
제 부모님은 연세가 **많으십니다**.
이 선생님께서는 얼굴이 **예쁘십니다**.
박 사장님께서는 돈이 **많으십니다**.
차가 **없으셔서 불편하시겠습니다**.

(5) 주체 높임이 청자와도 관계되어 화자가 문장의 주체보다 높더라도, 문장의 주체가 청자보다 높을 경우에는 '-(으)시'가 쓰일 수 있다.

예문 : 영수야, 너의 아버지 회사에 **나가셨니**?
아가야, **어머님께** 빨리 **오시라고** 해라.
얘야, 아버지 진지 **잡수시라고** 해.
부모님께 내일 9시에 **떠나시라고** 일러라.
삼촌께 시간 맞춰 약을 **드시라고** 해라.

2. 상대 높임법

상대 높임법이란 화자(말하는 사람)가 청자(말을 듣는 사람)를 높이는 것으로, 이 또한 청자와의(사회적 지위, 연령, 가족, 친분) 관계에 따라서 높임과 낮춤이 정해지며, 그 수위는 종결어미에 나타난다.

상대 높임법에는 격식체와 비격식체가 있으며, 격식체에는 존대형, 중립형, 하대형(반말), 비격식체에는 존대형과 하대형이 있다.

아래 〈표 15-1〉에서 상대 높임의 격식체 그리고 〈표 15-2〉에서 상대 높임의 비격식체를 참고로 제시한다.

〈표 15-1〉 상대 높임의 격식체

			문장의 종류			
격식체	동사 종류	동사 어간	서술형	의문형	명령형★	청유형★
존대형	동사어간	모음	-십니다 -ㅂ니다	-십니까? -ㅂ니까?	-십시오 -시오	-십시다 -ㅂ시다
		자음	-(으)십니다 -습니다	-(으)십니까? -습니까?	-으십시오 -으시오	-으십시다 -읍시다
중립형	동 상	- -	-네 -(으)네	-나?/-는가? ㄴ/은가?	-게	-세
하대형	동	모음 자음	-ㄴ다 -는다	-니?/-느냐?	-거라	-자
	상	모음 자음	-다	-니?/-냐? -으니?/-으냐?		

★ 상태동사와 서술격 조사 '이다'는 명령형과 청유형에서는 사용되지 않는다.

〈표 15-2〉 상대 높임의 비격식체

		문장의 종류			
비격식체	동사 종류	서술형	의문형	명령형	청유형
존대형	모든 동사(동상이)	-아요① 어 여 -(으)시어요 -지요	-아요 어 여 -(으)시어요 -지요	-아요 어 여 -(으)시어요 -지요	-아요 어 여 -(으)시어요 -지요
하대형		-아 어 여 -	-아 어 여 -지/-(으)니	-아 어 여 -지	-아 어 여 -지

① 참고 〈표 16-1〉 모음조화(참조 149쪽)

1) 격식체

격식체는 그 표현이 의례적이고 직접적이며 객관적이어서 그 표현 속에도 겸양의 뜻이 들어 있는 정중한 표현을 써서 청자를 높이도록 존대형을 쓰지만 비격식체에서는 그 보다는 훨씬 부드럽고 가볍고 친근감을 주는 종결어미인 '-아(어/여)요' 체를 쓴다.

존대형

화자가 청자에 대하여 당연히 표시해야 할 존경을 나타내고, 청자에 대한 대우와 함께 화자의 겸양이 나타나므로 정중한 대화나 공식석상에서 화자가 청자를 아주 높이는 경우에 쓰인다. 또한, 화자가 청자를 처음 만났을 때나, 서로 잘 모르는 경우에는 화자나 청자의 사회적 높낮이와 관계 없이 존대형을 쓸 수 있다.

예문 : 지금 **퇴근하십니까?**
아드님이 **오십니다.**

도서관엔 책이 **많습니까**?
그 옷이 매우 **예쁘십니다**.
저 분이 이 대학교 **총장님이십니까**?
천천히 **말씀하십시오**.

〈참고〉

격식체의 존대형으로 옛날에는 '-나이다/-(으)시나이다' '-(으)소서' '-(으)시옵소서' 체를 썼으나, 현재 일반 회화에서는 거의 쓰이지 않는고로 생략한다.

예문 : 잘 **알겠나이다**.
지금은 **주무시나이다**.
받으소서.
먼저 **드시옵소서**.

중립형

나이가 많거나 사회적 지위가 있는 화자가 자기보다 어린 청자를 아주 낮추지 않고 예우해 대하는 경우에 쓴다. 반면에 청자도 나이로나 사회적으로 성숙되 있을 때 어울리는 표현이다, 또 동년배끼리도 사용된다.

예문 : **여보게, 난** 내일 미국으로 **떠나네**.
그 차가 멋이 **있나**?
내일 누가 **오는가**?
지금 바로 사무실로 **오게**.
우리 같이 제주도로 **가세**.
늦었으니, 빨리 **가세**.
덥더니, 비가 **오네**.

하대형

사회적 지위가 높거나 나이가 많은 사람이 나이 어린 사람에게 쓰는 반말이다. 그리고 나이가 많아도 가까운 인척 관계이거나, 가까운 사이일 때도 쓸 수 있다. 그리고, 신문이나 잡지 등 특정한 개인을 상대로 하지 않는 표현에도 하대형이 쓰이는데, 이때 독자를 낮추는 뜻은 없다.

예문 : 영희는 지금 **잔다.**
영철이는 지금 목욕을 **하니**?
그 신발 참 **예쁘다.**
밥 **먹었니**?
학교에 늦을라. **서둘러라.**
이번 주말쯤 백화점에 **구경가자.**
차 조심해서 **가거라.**

2) 비격식체

비격식체는 격식체보다는 부드럽고 주관적인 느낌을 준다. 그래서 아주 가까운 사이이거나 친근감이 있는 청자에게 사용한다. 비격식체의 존대형은 하대형(반말)에 '-요'를 붙여 쓰면 된다. 그리고 서술형, 의문형, 명령형, 청유형의 구별은 억양으로 구별된다.

존대형

예문 : 제주도는 참 **좋아요**?
예, **그래요.**
지금 12**시에요.**
시간이 없으니, 빨리 **가세요.**
같이 **먹어요.**
시간이 참 **빨라요.**

하대형

예문 : 형, 지금 **자**?
이건 내 **책이야**.
오늘 저녁엔 뭐 **먹어**?
일어나, 어서 학교에 **가**.
그럼, 내 차로 **가거라**.
딸기가 참 맛이 **있어**.

〈참고〉

한국에서는 보통 일상생활에서는 격식체와 비격식체를 자연스럽게 섞어서 쓴다.

예문 : 좀 **서두르세요**. 곧 차가 **올 겁니다**.
빨리 **먹읍시다**. 배가 **고파요**.
좀 **쉽시다**. 차나 한 잔씩 **마셔요**.
어서 **드세요**. 음식은 또 **있습니다**.
그만 **말씀하십시오**. 다 **알아요**.

이미 앞에서의 설명처럼 비격식체의 존대형은 격식체의 하대형에 종결어미 '-요'를 붙이면 된다.(참조/비격식체 147쪽) 즉 '동사어간+어(아/여)요'로 쓰이는데 이때 탈락이나 축약, 즉 모음조화 현상이 일어난다. 다음 〈표 16-1〉로 좀 더 쉽게 설명한다.

〈표 16-1〉 모음조화

동사의 끝모음	연결어미+요	→ 정리	탈락/축약	결과
아	아요	가아(요)	'아' 탈락	가요
오		보아(요)	'와'로 축약	봐요
어	어요	서어(요)	'어' 탈락	서요
우		배우어(요)	'워'로 축약	배워요
으		쓰어(요)	'써'로 축약	써요
이		가르치어(요)	'쳐'로 축약	가르쳐요
하	여요	하여(요)	'해'로 축약	해요

위 표에서 본 바와 같이 선행모음과 후행모음이 같으면 (가아 → 가 /서어 → 서)로 되고, 다르면 (쓰어 → 써)로 선행모음 '으'가 탈락됨을 알 수 있다. 그리고, 나머지 경우에는 축약이 일어난다. 선행모음과 후행모음 사이에 자음 즉 받침이 있으면 축약이나 탈락이 일어나지 않는다. 〈표 16-2〉로 제시한다.

〈표 16-2〉

동사	동사어간+-어(아, 여)요
잡다	잡아요
좁다	좁아요
먹다	먹어요
죽다	죽어요
늙다	늙어요
싫다	싫어요

3. 어휘에 의한 높낮이의 표현

한국어에는 특히 존대의 뜻을 지닌 단어가 있어서 이것을 존칭어라고 하는데, 모든 단어에 대응하여 존재하지 않는다. 그러나 언어생활에선 적당한 존칭어를 사용해야만 올바른 문장이 될 수 있다.

단어의 종류에 따른 존칭어의 대응관계를 보면 〈표 17〉과 같다. 이들은 높임과 낮춤을 표시하는 특수한 어휘들인데, 단어의 형태가 바뀐 것과 높임의 뜻이 있는 조사가 쓰이는 것, 접미사가 붙어 이루어진 것 등이 있다.

〈표 17〉 어휘에 의한 높낮이 표현

품사	일상어	존칭어	겸양어
명사	말 나이 밥 병 집	말씀 연세 진지 병환 댁	말씀①
대명사	그 사람 나 너 우리	그 분 선생	 저① 저희①
동사	주다 묻다/말하다 보다 자다 먹다 있다 죽다 데리다	드리다 여쭈다/여쭙다 뵙다 주무시다 잡수시다 계시다 돌아가시다 모시다	
조사	-이/가 -에게	-께서 -께	
접미사		-님	

① 말씀은 말의 존칭어이지만, 때로는 자신을 낮추는 겸양어로도 쓰인다. 그리고 〈저/저희〉도 같은 경우로 쓰인다.

예문 : 선생님이 그렇게 **말씀하셨어요**.

제 말씀은 그것이 아닙니다.

어머님 **연세는** 쉰 다섯이고 제 나이는 스물 넷입니다.

아침 **진지 드세요**. **할아버님**.

목사님! 안녕히 **주무셨어요**?

박사님, 내일 또 **뵙겠어요**.

아버님께 드리려고 꽃을 샀어요.

어머님께서 할머님을 **모시고** 오라고 하셨어요.

저희 아버님은 10년 전에 **돌아가셨습니다**.

지금 **댁엔** 누가 **계십니까**?

많이 **잡수세요**. 과일이 싱싱하죠?

어른께 여쭙고 친구 집에 놀러 가겠어요.

이 아이를 집으로 **데려가세요**.

시골에서 부모님을 **모셔왔습니다**.

제12장
부 정

한국어의 부정은 문장의 유형과 형태 그리고 동사의 종류에 따라서 어떤 형태의 부정형이 적합한지가 결정된다. 〈표 18〉 또 한국어의 부정형은 크게 서술문과 의문문의 부정, 명령문과 청유형의 부정, 단어에 의한 부정 그리고 확인의문문에 쓰이는 부정으로 나누어 생각해야 한다.

〈표 18〉 부정형

<table>
<tr><th rowspan="2">문장의
유형과 형태</th><th rowspan="2">동사의 종류</th><th colspan="2">부정의 형태</th></tr>
<tr><th>단형부정</th><th>장형부정</th></tr>
<tr><td>서술 / 의문</td><td rowspan="2">동작동사</td><td>안-/못-</td><td>-지 않다/-지 못하다</td></tr>
<tr><td>명령 / 청유</td><td>-</td><td>-지 말다</td></tr>
<tr><td>서술 / 의문</td><td>상태동사</td><td>안-</td><td>-지 않다</td></tr>
<tr><td>서술 / 의문</td><td>'이다' 동사</td><td>-</td><td>-이/가 아니다</td></tr>
<tr><td>서술 / 의문</td><td>'있다' 동사</td><td>-</td><td>-이/가 없다</td></tr>
<tr><td>서술 / 의문</td><td>'알다' 동사</td><td>-</td><td>모르다</td></tr>
</table>

1. 서술문과 의문문의 부정

서술문과 의문문의 부정법은 단형 부정과 장형 부정으로 나뉘는데, 전자는 동사 앞에 '안' 또는 '못'이 오고, 후자는 동사어간에 '-지 않다' 또는 '-지 못하다'가 온다.

'안' 부정문과 '-지 않다' 부정문은 주체의 의지에 의해 행동이나 상태 부정을 나타내며, 동작동사와 상태동사에 두루 쓰인다. '못' 부정문과 '-지 못하다' 부정문은 주체의 의지가 아닌 능력의 부족이나 외적인 원인 때문에 그 행위가 일어날 수 없다는 뜻의 부정이며, 동작동사와는 잘 어울리지만 상태동사와는 잘 어울리지 않는다.

예문 : 철수는 학교에 갔습니다.

철수는 학교에 **안 갔습니다**.
철수는 학교에 **가지 않았습니다**.
철수는 학교에 **못 갔습니다**.
철수는 학교에 **가지 못했습니다**.

철수는 아침을 먹습니까?

철수는 아침을 **안 먹습니까**?
철수는 아침을 **먹지 않습니까**?
철수는 아침을 **못 먹습니까**?
철수는 아침을 **먹지 못합니까**?

그 꽃이 예쁩니다.

그 꽃이 **안 예쁩니다**.
그 꽃이 **예쁘지 않습니다**.

그 꽃이 예쁩니까?

그 꽃이 **안 예쁩니까**?
그 꽃이 **예쁘지 않습니까**?

그런데 단형 부정문을 만들 때 주의해야 할 점이 있다. 명사에 접미사 '-하다'가 붙은 동사는 '-하다' 앞에 '-안'이나 '못'이 들어간다. 그리고 명사 뒤에 '-을/를'을 넣어 쓸 수도 있다.

예문 : 철수는 지금 숙제합니다. → 철수는 지금 숙제를 **안 합니다**.
철수는 지금 **숙제를 하지 않습니다**.

철수는 지금 한국말을 공부합니다. → 철수는 지금 한국말 공부를 **못합니다**.
철수는 지금 한국말 **공부를 하지 못합니다**.

또 '-지 않다'의 부정형인 경우 '-가, -는, -를, -도, -만은, -야' 같은 조사가 '-지'에 붙어 쓸 수 있다.

예문 : 오늘은 기분이 **좋지가 않아요**.
이 과일은 **싱싱하지는 않군요**.
여러 날 김 선생이 **보이지를 않습니다**.
그분이 날 보고 **웃지도 않아요**.
돈이 많다고 **행복하지만은 않을 것이에요**.

2. 명령문과 청유문의 부정

명령문과 청유문의 부정은 '-지 말다'로 표현된다. 즉 존대형으로는 '동작동사+지마십시오/-지 맙시다'를 쓰고 하대형으로는 동작동사어간에 '-지 말아라/-지 말아'를 쓸 수 있다.

예문 : **웃기지 마십시오.**
너무 **서둘지 말아요.**
과로하지 마십시오.
뛰지 말아.

집에 **가지 마십시다.**
선풍기는 **틀지 맙시다.**
백화점에 **가지 말자.**
나중에 딴 소리 **하지 마십시오.**

3. 단어에 의한 부정

'-이다'가 서술어일 때는 '-이/가 아니다'로 바꾸면 부정문이 되고, '있다'는 '없다'로 바꾸면 된다, 그리고 '알다'의 부정형은 '모르다'이다.

예문 : 철수는 학생이다.
철수는 **학생이 아니다.**

책상에 책이 있다.
책상에 **책이 없다.**

그 분은 한국말을 안다.
그 분은 한국말을 **모른다.**

4. 확인 의문문과 부정 의문문

확인 의문문이란 부정의 형식으로 나타나지만 부정의 뜻을 갖는 것이 아니라 질문 내용을 재차 확인하는 것이라고 본다.

예를 들면 "이 김치 맵지 않아요?" 김치가 맵다고 생각하는 화자가 듣는 사람도 자신과 같은 생각을 하고 있음을 확인하려는 질문이다.

예문 : 커피가 너무 **쓰지 않아요**? → 예, 써요.
그분은 너무 말이 **많지 않습니까**? → 예, 말이 많아요.
명함에 전화번호가 써 **있지 않니**? → 예, 써 있어요.
영하 사십도면 너무 **춥지 않습니까**? → 예, 너무 추워요.
우리가 어제도 **약속하지 않았니**? → 예, 했어요.

한국어의 부정 의문문은 상대의 질문에 초점을 두고 대답한다.

예문 : 덥지 않습니까? → 예, 덥지 않습니다. → 아니오, 더워요.
지금 시간이 있어요? → 예, 시간이 있어요. → 아니오, 없어요.
한국말이 어렵지 않아요? → 예, 어려워요. → 아니오, 어렵지 않아요.
밖에 비가 옵니까? → 예, 비가 옵니다. → 아니오, 비가 오지 않아요.

제13장
활용어미에 의한 특수 표현

동사의 활용어미에는 문장을 끝맺는 종결어미, 문장을 끝맺지 않고 다시 다른 문장이나 단어를 이어주는 연결어미, 그리고 한 문장을 더 큰 문장의 성분으로 쓰이게 하는 전성어미 즉 관형사형 어미와 명사형 어미 등이 있음을 제8장에서 자세히 설명, 제시한 바 있다. 이를 좀 더 자세히 살펴보기로 한다.

1. 종결어미

종결법은 문장이 끝났음을 의미하는 것으로 동사어간에 종결어미, 명사형 전성어미가 붙여진 것이다. 또 종결어미는 문장의 형식을 나타내는 것으로, 한국어의 문장 형식은 서술형, 의문형, 명령형 그리고 청유형으로 나뉜다. 그리고 이미 제11장에서 존대법과 낮춤법에서 제시된 〈표 15-1〉과 〈표 15-2〉를 참고하기 바라며 여기 종결어미에 대한 것을 〈표 19〉로 제시한다.

〈표 19〉 종결어미

문장의 종류	격식체			비격식체	
	존대형 (높임말)	중립형	하대형 (반말)	존대형 (높임말)	하대형 (반말)
서술형	-(으)십니다 -습니다 -ㅂ니다	-(으)시네 -네 -오 -(으)ㅁ세 -군/-는군	-(는)/ㄴ다 -다 -(으)마 -는구나/ -구나	-어(아/여)요 -(으)ㄹ께요 -지요 -(는)군요	-어(아/여) -(으)ㄹ께 -지 -어(아/여)
의문형	-(으)십니까? -(스)ㅂ니까?	-는/(으)ㄴ가? -나? -오	-(느/으)냐? -(으)니? -(으)랴?	-어(아/여)요 -는 건가요? -(으)ㄴ건가요? -나요? -(으)ㄹ까요?	-어(아/여)? -(으)ㄹ까?
명령형	-(으)십시오 -(으)시오	-게 -오	-어(아/여)라 -(으)려므나 -(으)렴	-어(아/여)요	-어(아/여) -지
청유형	-(으)십시다 -(으)ㅂ시다	-세 -오	-자	-(으)시지요 -어(아/여)요	-아(아/여) -지

예문 : 저는 지금 집에 **갑니다**.
난 내일 제주도로 **가네**.
동생은 아직 **잔다**.
도서관엔 학생이 **많습니까**?
지금 뭘 **하니**?
서울역으로 빨리 **가십시오**.

이 책을 **읽게**.
늦었으니 빨리 **가거라**.
배 고프니 점심 **먹읍시다**.
같이 영화를 **보자**.

오늘은 날씨가 참 **좋아요**.
빨리 숙제 **해**.
이게 **뭐예요**?
지금 **뭐해**?
여기에 이름을 **쓰세요**.
어서 **먹어**.
내일 같이 영화 **봐요**.
모레 또 **만나**.

1) 특별한 쓰임의 종결어미

종결어미 중에서 단순히 어떤 사실에 대해 문장을 끝맺는 것이 아니라, 사실에 대한 화자의 느낌이나 판단을 말하거나, 청자의 의향을 묻는 양상을 표시하는 것이 있다.

Vst(으)ㄹ까요?

주어에 따라 추정이나 의도의 뜻을 나타내는 의문형 종결어미이다. '-(으)ㄹ까(요)?', '-랴' 등이 이에 속한다.

(1) 주어가 1인칭 단수이면, 행동에 대한 청자의 의사를 묻는 형식이 된다.

예문 : 제가 먼저 제 이름을 **소개할까요**?
제가 한번 그 분 사무실에 **전화해 볼까요**?
내가 우선 약속 장소에 **나가 볼까**?
내가 그 학생을 **도와줄까**?

제가 선생님께 **여쭈어 보랴**?

(2) 주어가 1인칭 복수이면, 화자의 의도에 대한 청자의 허락을 구하는 형식이 된다.

예문 : 우리 같이 한 잔 **할까**?
같이 한번 **의논해 볼까**?
우리 운전을 **배워 볼까요**?
우리 함께 **걸을까**?
오랜만에 영화 구경이나 **갈까요**?

(3) 주어가 객관화된 1인칭이거나 2인칭이면, 주어의 행동이나 상태에 대한 화자의 추측이 나타난다.

예문 : 내가 혼자 이 숙제를 **할 수 있을까**?
내가 이 문제를 **풀어 낼까**?
네가 우리 형편을 **알아줄까**?
아저씨가 제 시간에 **올까**?
한 시간이면 그곳에 **도착할 수 있을까요**?

(4) 주어가 3인칭이면 주어의 행동이나 상태에 대한 화자의 추측을 나타낸다.

예문 : 내일쯤 그 분이 서울에 **도착하실까**?
철수가 그 점수로 대학에 **합격할 수 있을까**?
김 선생이 약속을 **잊지 않았을까요**?
금년 겨울에도 날씨가 **추울까요**?
혼자 외국에 가면 **외롭지 않을까요**?

Vst(으)ㄹ까 말까

주어가 동작에 대한 의도를 확실히 선택하여 결정하지 못하고 망설이는 경우에 쓴다. 뒤에 '말다' 대신에 다른 동사가 쓰이기도 한다. 주로 동작동사와만 어울린다.

예문 : 너한테 이 비밀을 **얘기할까 말까**.
다음 학기에는 학교에 **올까 말까** 생각 중이에요.
외국 유학을 **갈까 말까** 망설이고 있습니다.
편지를 쓸까 숙제를 할까 하다가 아무 것도 못했어요.
진학을 할까 시집을 갈까 고민중이에요.

Vst(으)ㄹ까 하다

앞으로 일어날 동작에 대한 추측이나 계획을 나타낸다. 그리고 '-(으)ㄹ까 해서, -(으)ㄹ까 하고, -(으)ㄹ까 해도, -(으)ㄹ까 하니까' 등으로 다양하게 활용되어 쓰인다.

예문 : 이번 주말에는 집에서 **쉴까 합니다**.
책을 **읽을까 하고** 도서관에 갔습니다.
비가 **올까 해서** 우산을 가져 왔어요.
기차를 **탈까 하고** 서울역에 왔습니다.
그 친구와 **의논할까 했지만** 미덥지가 않아요.

Vst(으)ㄴ/는(으)ㄹ걸

사실에 대한 단정적 표현으로서, 상태동사에는 '-(으)ㄴ걸' 이나 '-(으)ㄹ걸' 을 쓰고 동작동사에는 세 가지를 모두 쓸 수 있다. '-(으)ㄴ걸' 은 이미 일어났음을 '-는걸' 은 현재 진행중이거나 습관적인 것을, '-(으)ㄹ걸' 은 앞으로 일어날 일에 대한 추측을 나타낸다. '-요' 가 붙으면 높임의 뜻이 된다.

예문 : 방학이지만, 도서관은 계속해서 **여는걸요**.
그 사람은 남의 일이라면, 발 벗고 **나서는걸요**.
그 학생은 작년에 대학원을 **졸업한걸요**.

신호등을 보지 않고 건너면 **위험한걸요**.
가을에는 호텔마다 **만원일걸요**.

Vst(으)ㄹ걸 (그랬다)

어떤 일을 하지 못했음을 후회하거나 아쉬워하는 경우에 쓴다. 보통 뒤에 '그랬다'가 있으나, 생략되기도 한다.

예문 : 속이 안 좋은데, 점심을 **굶을걸 그랬어요**.
친구들이 오는 줄 알았으면, **외출하지 말걸**.
오늘부터 연휴인 줄 알았더라면, 여행이라도 **갈걸**.
미리 시험준비를 했더라면, **좋았을걸**.

Vst던걸

'-던 것을'의 준말로서 이미 겪은 일을 회상하면서 새로운 사실을 알게 되거나, 이미 있었던 일에 대하여 아쉬운 느낌이나 애석하게 생각하는 뜻을 나타내고자 할 때 쓰인다. 존대형 어미 '-요'를 붙여 상대방을 높인다.

예문 : 그 애가 그림을 제법 잘 **그리던걸**.
보기는 그래도 음식 맛이 **좋던걸요**.
그 학생이 저녁에는 학원에 **다니던걸요**.
예쁘게 꾸미니까 그 애도 **괜찮던걸**.
여기 저기 알아보니까 그만한 직장도 **없던걸요**.

Vst(으)ㄹ게(요)

어떤 사실에 대하여 화자가 확인하고 다짐하는 경우에 쓰는 서술 형식이다. 이때의 주어는 항상 1인칭이다. '-요'가 붙으면 높임의 뜻이 된다.

예문 : 오늘은 집에 일찍 **들어 올게**.
내가 그 일을 **할게**.

숙제부터 하고 저녁을 **먹을게요.**
내일 오전에 선생님께 **전화드릴게요.**
시장에 가서 좋은 물건이 있으면 **하나 살게요.**

Vst었(았, 였)구나
Vst(는)군/구나
Vst겠구나

감탄형으로, 말하고자 하는 사실이 과거에 일어난 일이거나 과거로부터 지금까지 계속되어 온 일일 경우에는 '-었(았, 였)구나', 현재 일어나고 있는 사실을 보아 알고 있는 경우에는 '-(는)구나', 앞으로 일어날 것을 확실히 추정하는 경우에는 '-겠구나'를 쓴다. '-군' 뒤에는 '-요'가 붙어 높임형으로도 쓰이지만, '-구나'에는 '-요'가 붙을 수 없다(참조 144쪽).

예문 : 한국말을 **공부하시는군요.**
저 아이들이 말을 아주 잘 **하는구나.**
넌 옛날부터 공부를 **잘 했구나.**
오늘 날씨가 꽤 **춥군요.**
비가 오는 걸 보니 내일은 **춥겠구나.**

Vst나(요)?

사실 여부를 좀 부드럽게 묻는 의문형 종결어미로 뒤에 '-요'가 붙으면, 청자를 높이는 것이다. 또 이것은 '-(으)ㄴ/는가(요)'로 바꾸어 쓸 수 있다.

예문 : 어떻게 하면 외국어를 빨리 배울 수 **있나요?**
윗사람이 바뀌면 아랫사람도 **바뀌나요?**
제가 그 서류에 서명해야 **하나요?**
지금 밖은 얼마나 **추운가요?**
이걸 신문에 내도 **괜찮은가?**

Vst나 보다

동작동사에 많이 사용되나, 과거시제를 넣어 사용하는 경우에는 동사에 제약이 없다. 또한 동작동사에 '-는가 보다'를 사용하기도 한다.

예문 : 교실에 아무도 **없나 봅니다**.
그 친구는 출장을 내일쯤 **떠나나 봐요**.
벌써 꽃이 다 **시들었나 봐요**.
눈물이 나는 걸 보니까 좀 **매웠나 봅니다**.
오늘 손님이 많이 **오는가** 봐.

Vst(으)ㄴ가 보다

상태동사에는 '-(으)ㄴ가 보다'를 사용한다.

예문 : **피곤한가 봐요**. 밤을 새웠다고 하던데요.
한국말 배우기가 **어려운가 봐요**.
밖의 날씨가 꽤 **추운가 봐요**.
기분이 **안 좋은가 본데**, 말 시키지 마세요.
사랑하던 사람과 결혼해서 **행복한가 봐요**.

Vst던가(요)?

지난 일에 대한 회상뿐만 아니라 지난 일에 대한 불확실성이나 의문이 있었음을 나타내는 종결어미이다. 과거시제 '-었'이 붙을 경우에는 동작이 완료되었음을 나타내는 것이다.

예문 : 내가 왜 친구에게 그런 거짓말을 **했던가**?
그가 떠날 때 우리가 왜 붙잡지 **않았던가**?
어제 본 영화가 **재미있던가요**?
그 여자 친구 마음씨가 **곱던가요**?
길거리에 나가보니 상점 문이 많이 **열렸던가요**?

Vst(ㄴ/는)담/-(이)람

'-(ㄴ/는)단 말인가' 혹은 '-(이)란 말인가'의 준말이다. 동작동사와 쓰일 때는 '-ㄴ/는담', 상태동사와 쓰일 때는 '-담'이 붙으며 이다동사와 쓰일 때는 '-람'이 되며, 어떤 상대에 대한 화자의 불평이나 불만을 혼자 중얼댈 때 쓰며, 상대방의 행동에 대한 화자의 불만을 표시하는 것이다.

예문 : 무슨 말을 그렇게 **한담**.
무슨 음식을 그렇게 소리 내어 **먹는담**.
뭘 그렇게 **꾸물거린담**.
저런 사람이 무슨 **양반이람**.
이게 무슨 엉터리 **선물이람**.

Vst데(요)

지난 일을 회상하여 말할 때, 또는 어떤 사실을 겪어보고 그것에 근거해서 상대방에게 일러줄 때 보고 형식으로 쓰이는 종결어미이다. 간접화법 '-(ㄴ/는)다고 해요'의 준말 '대요'와 혼동하기 쉽다.

예문 : 밖의 날씨가 꽤 **춥데요**.
오랜만에 땀 흘려 운동을 하고 나니까 **좋데**.
남산에서는 시내가 잘 **보이데**.
그 친구 벌써 머리가 **벗어졌데**.
새벽장에 나가보니까 말씀대로 사람이 무지 **많데요**.

Vst데(으)ㄹ라

대체로 동작동사의 어간에 붙어서, 행여 잘못되는 일이 있을까 하여 염려되거나 걱정스러우니 조심하라는 뜻을 나타낸다.

예문 : 나무에서 **떨어질라**. (올라가지 마라)
좋은 사람 **놓칠라**. (꽉 잡아라)

과속하다가 **사고날라**.
배 **아플라**. 그만 먹어라.
말 막하다가 **욕 먹을라**.

AVst(으)ㄹ락 말락(하다)

동작이 이루어질 것 같으나 이루어지지 않음을 나타낸다. 부정의 '말다'와 같이 쓰이며, 뒤에 '하다'가 붙어 '-(으)ㄹ락 말락 하다'로 쓰이기도 한다. 선행문의 동사는 동작동사로 제한된다.

예문 : 그 남녀는 **들릴락 말락한** 소리로 속삭였어요.
아침부터 비가 **올락 말락하는군요**.
그 남자는 무슨 말을 **할락 말락** 망설이다가 그만두었어요.
애기가 잠이 **들락 말락할** 때 손님이 와서 깼어요.
용돈이 **떨어질락 말락할** 때 고향에서 돈이 왔어요.

AVst(으)ㄹ래(요)

동작동사의 어간에 붙어 쓰이며, 주어가 1인칭인 경우에는 화자의 의지를 나타내고, 2인칭인 경우에는 청자의 생각을 묻는 말이다. 3인칭 주어는 쓸 수 없다. 상대방을 높이는 경우에는 '요'를 붙인다.

예문 : 난 김치볶음을 **먹을래**.
넌 졸업 후에 뭐 **할래**?
난 그 사람을 다시는 **안 만날래요**.
영수야, 너 적금을 **들래, 안 들래**?
선생님, 언제쯤 만나 **주실래요**?

AVst(으)랴?

의문을 나타내는 반말형 종결어미로서 장차 화자 자신이 해야 할 행동에 대하여 상대방에게 의사를 묻는 것이다. 또 다른 사람의 생각이나 마음을 짐작해 말하는 경우임. 구어체로 많이 쓰이며 '-ㄹ까'로 대치할 수 있음.

예문 : 힘들면 내가 **도와주랴**?
생일선물로 뭘 **사주랴**?
우리가 널 만나보러 **가랴**?
이제 후회한들 무슨 소용이 **있으랴**?
뛰어간다고 떠나버린 버스를 따라잡을 수 **있으랴**?

반복형 '-으랴, -(으)랴'는 연결어미로 다룬다(참조 205쪽).

Vst(으)려무나/(으)렴

손아랫 사람에게 명령하거나, 타이를 때 쓰는 명령형으로 동작동사와 쓰이는 종결어미이다. '-렴'은 '-려무나'의 준말이다.

예문 : 먹고 싶으면 **먹어보려무나**.
피곤하거든 눈 좀 **붙이렴**.
심사숙고해서 **결정하려무나**.
너무 늦었으니 이제 그만 **쉬렴**.
슬슬 뒤따라 **가보렴**. 어디로 가나.

Vst(으)리라

화자의 추측이나 미래에 대한 추측이나 의지를 나타내는 미래형 종결어미이며, 동작동사나 상태동사와 같이 쓰인다. 또한 '-ㄹ것이다'로 대치할 수도 있다.

예문 : 객지에서 살다보면 **외로우리라**.
그가 바라는 것은 돈만이 **아니리라**.
시간이 주어지면 세계여행을 **떠나리라**.
오후에 비가 **오리라고** 생각했지요.

철이 들면 **깨달으리라고** 봅니다.

Vst(으)셔라

주체 존대 '-(으)시'에 감탄형 어미 '-어라'가 결합된 형태로서 대개 상태동사나 '-이다'와 어울린다. 주체를 높이면서 화자의 느낌을 나타낸다. 감탄을 나타내는 말(아유, 아이고, 어머나, 아따)과 함께 쓰는 경우가 많다.

예문 : 아유, 부지런도 **하셔라**.
어머나, 예쁘기도 **하셔라**.
아이고, 인정도 **많으셔라**.
아따, 성미도 **급하셔라**.
어머나, 기억력도 좋으셔라. 제 이름을 기억하시다니…….

Vst지(요)

화자가 이미 알고 있는 사실을 재확인하거나 청자의 동의를 얻는 경우에 쓰인다. 'Vst+아(어, 여)지요'로 모든 문장 형태에 적용되며, 그 구분은 억양으로 된다. 또 '-지요'의 준말은 '-죠'이다.

예문 : 네가 김영수라는 **학생이지**?
한국에 처음 오신 게 **아니지요**?
저 좀 도와 주실 수 **있으시죠**?
늦었는데 빨리 **가시지요**.
예, **그러죠**. 내일 다시 오겠어요.

2. 연결어미

두 개 이상의 문장이나 단어가 연결될 때, 선행문의 동사에 붙어 하나로 이어 주는 역할을 한다.

예 : 여름은 덥다 + 겨울은 춥다.

-고

→ 여름은 덥고 겨울은 춥다.

철수가 학교에 간다 + 철수가 공부를 한다.

-어(아, 여)서

→ 철수가 학교에 가서 공부를 한다.

연결어미는 특별한 뜻이 나타나도록 두 문장을 연결해 주기 때문에 각기 기능과 뜻에 차이가 있다. 다음에서 연결어미들을 하나씩 예를 들어 그 기능과 쓰임을 살펴 보기로 한다.

Vst거나

(1) 두 가지 이상의 동작이나 상태를 나열할 때 쓰는 연결어미로 '거나'가 단독으로도 쓰이며 '-거나 -거나 하다'로도 쓰인다.

예문 : 주말엔 등산을 **가거나** 수영을 해요.
병원에 **가 보거나** 약이라도 좀 사 드세요.
슬프거나 외로울 땐 부모님께 전화를 하죠.
출타중에 누가 **찾아오거나** 전화가 **오거나** 하면 적어 놓으세요.
말이 **많거나** 행동이 **가볍거나** 한 사람은 믿을 수 없어요.

(2) 어떤 존재나 동작의 내용을 한 가지로 하여, 가리지 않는 경우에 쓴다. 뜻을 강조할 때에는 '-간에'와 함께 쓰여 '-거나 간에'가 되며, 이때 '-거나'를 '-건'으로 줄이기도 한다.

예문 : 혼자 있을 때(에)는 **누구이거나 간에** 문을 열어주지 마라.
옆 사람이 무슨 짓을 **하건 간에** 참견하지 않는게 좋아요.
예쁘거나 밉거나 간에 마음씨가 고우면 돼요.
어른이 무슨 말을 **하건 간에** 끝까지 들어야 해.

다른 식구들은 **먹거나 굶거나 간에** 아버지는 술만 마셔요.

(3) 서로 반대되거나 다른 뜻을 가진 두 용언이 결합되어, '-거나 -거나' 또는 '-거나 말거나'로 쓰인다. 어느 한쪽을 선택하든지 관계 없이 후행문의 내용이 중요함을 나타낸다.

예문 : 음식이 맛이 **있거나 없거나** 배고프면 먹어야죠.
내가 가거나 네가 오거나 하여튼 만나면 되지 않겠니?
남이야 **잠을 자거나 일을 하거나** 당신이 상관할 바 아니에요.
그 선생은 학생들이 **듣거나 말거나** 혼자만 얘기합니다.
울건 말건 내버려두세요.

Vst거늘

당연한 사실이나 진리 따위를 선행문에 놓고 화자의 생각을 후행문에 놓는 구성이다. 즉, 선행문의 당연한 사실이나 진리에 비추어 후행문의 자기 생각을 도출한다는 뜻이 있다.

예문 : 김치는 늘 먹는 **음식이거늘** 한 끼 걸른들 어떠리.
사람은 나이를 먹으면 누구나 **늙는 것이거늘** 뭘 그리 속상해 하나?
자기 무덤을 자기가 **팠거늘** 이제 와서 후회한들 뭣해요.
그 사람은 늘 늦는 **사람이거늘** 새삼 말할 필요도 없죠.
사람은 빈손으로 왔다가 빈손으로 가는 **것이거늘** 뭘 그리 욕심 내세요?

Vst거늘 하물며

후행문이 반어적인 의문문으로 나타나며, 선행문의 내용이 사실이므로 후행문도 당연히 그와 같아야 한다는 것을 강하게 표현한다. 이때, 뒤에는 '하물며, 어찌…' 등의 부사가 오는 것이 보통이다.

예문 : 남의 자식도 은공을 **알거늘, 하물며** 친자식으로서 그런 짓을 해?
초등학생도 저렇게 열심히 **하거늘, 어찌** 대학생이 놀 수가 있겠니?
짚신도 짝이 **있거늘, 하물며** 저에게 신랑감이 없겠어요?
애들도 교통법규를 **지키거늘, 하물며** 어른이 안 지켜서야 말이 됩니까?

Vst거니 하다

(1) 화자나 선행문의 주어 혼자만의 생각으로 어떠한 사실을 인정한다는 뜻이다.

예문 : 누구에게나, 자신이 **제일이겠거니 하는** 생각이 무의식 중에 있어요.
그 친구한테서 편지가 **오겠거니 했지만**, 그건 잘못된 생각이었어요.
누가 내 일을 도와 **주겠거니 하다가** 일만 밀리고 말았어요.
비록 남의 집이지만, 내 **집이거니 하고** 잘 가꾸어야지요.
모든 걸 부모님이 해결해 **주시겠거니 하는** 의타심은 버렸으면 해요.

(2) 두 개의 상반되는 뜻을 가진 동사 뒤에 쓰이면 두 동작이 계속하여 반복됨을 나타낸다. 때로는 간접인용문 다음에 나타나기도 한다.

예문 : 아이들이 서로 **주거니 받거니** 이야기가 많았어요.
우리는 **앞서거니 뒤서거니** 하면서 달리기 연습을 했습니다.
두 남매는 빌린 돈을 **갚았다거니 안 받았다거니** 하고 다투고 있어요.
부부는 큰 집으로 **이사하자거니 새로 집을 짓자거니** 의견이 분분했어요.
주인과 손님은 물건값이 **비싸다거니 싸다거니** 하면서 말씨름을 했습니다.

Vst거니와

연결어미로, 선행물과 후행문의 사실을 모두 인정하지만 화자가 강조하려는 사실은 후행문에 둔다. 명령형과 청유형엔 쓰이지 않는다.

예문 : 여름에는 날씨도 **덥거니와** 습기도 많아요.
돈도 **없거니와** 시간도 없어서 여행을 못 가.
공부도 **안 했거니와** 배우려는 의욕도 없었지.
거듭 **말하거니와** 다시는 이런 비극이 없었으면 좋겠어요.
어찌 보면 가엾기도 **하거니와** 한편으로 밉기도 해.

Vst거든

선행문은 사실에 근거한 주관적인 조건이나 가정을 나타낸다. 이때, 후행문에는 명령형 또는 청유형을 써야 자연스럽다.

예문 : 바쁘지 **않거든** 놀려 오세요.
그 분한테서 전화가 **오거든** 연락해라.
할 말이 **있거든** 해 보시지요.
돈이 **필요하시거든** 언제든지 말씀해 주세요.
아버지 **오시거든** 먹겠어요.

의도를 나타내는 '-(으)려' 뒤에 '-거든'을 붙여, 동작에 대한 가정을 나타낸다. 동사는 동작동사로 제약되고 보통 선후행문의 주어는 같아야 한다.

예문 : 그 분을 **만나려거든** 미리 약속을 해두세요.
실력을 **쌓으려거든** 책을 많이 읽어요.
남에게 지지 **않으려거든** 그만큼 애써야지.
등산을 **가려거든**, 등산 장비를 준비하십시오.
종합 진단을 **받으려거든** 아침을 굶고 나오세요.

Vst거들랑

선행하는 내용이 조건이나 가정을 나타낸다. 청자가 윗사람 또는 높은 사람일 경우에는 보통 '-거들랑'을 쓰지 않는다.

예문 : 꽃이 **피거들랑** 소풍갑시다.
소식이 **없거들랑** 희소식인 줄 알아요.
본국에 **돌아가거들랑** 편지해요.
문제가 **생기거들랑** 저한테 전화를 걸어 주세요.
소화가 안 **되거들랑** 이 약을 한 알만 잡수세요.

Vst거든(요)

'-거든'을 종결어미로 쓸 때는 화자의 행위나 상태에 대한 이유를 나타낸다.

예문 : 왜 아직 퇴근 안 하셨어요?
밀린 일이 아직 **많거든요**.

왜 혼자 식사를 하세요?
모두들 외출을 **했거든**.

왜 기분이 좋지 않아요?
집안에 걱정거리가 **생겼거든**.

왜 낮잠을 주무셨어요?
어제 밤에 잠을 못 **잤거든요**.

왜 동대문 시장까지 가셨어요?
거긴 물건 값이 **싸거든요**.

Vst건대

후행문에 대한 화자의 의견·생각·각오를 선행문에서 미리 밝혀주는 경우에 쓴다.

예문 : **바라건대**, 꼭 성공하고 돌아오길 바라네.
내가 미리 **말하건대**, 이번 결정 사항은 승락할 수 없습니다.
우리 모두 **기원하건대**, 그들이 무사하길…….
내가 **듣건대**, 그곳은 앞으로 큰 지진이 일어날거라고 하던데요.
내가 **장담하건대**, 이번 일은 꼭 성공할 걸세.

Vst건마는

선행조건을 인정하지만, 선행문의 상황에서 당연히 이루어졌어야 할 것들이 이루어지지 않고 남아 있음을 나타낸다. 줄여서 '-건만'으로도 쓴다.

예문 : 시간이 꽤 **흘렀건만** 수재민들의 상처는 아직 남았군요.
나이는 먹을 대로 **먹었건마는** 철은 안 들었어요.
아들이 용서를 **빌었건마는** 아버지는 아직도 노여움을 풀지 않으셨습니다.
할 일은 **많건마는** 일이 손에 잡히지 않아 큰일입니다.

Vst게끔

부사적 기능을 가진 어미 '-게'에 '-끔'이 붙어, '-도록, -정도로'의 뜻을 나타낸다. 때로는 '-게시리'로도 쓰인다.

예문 : 알아들을 수 **있게끔** 천천히 말씀해 주세요.
6시에 저녁을 **먹게끔** 준비했어요.
돈이 모자라지 **않게끔** 넉넉히 가져왔니?
서로가 서로를 **이해하게끔** 노력해 봐.
남들의 눈에 띄지 **않게시리** 눈치껏 하세요.

Vst고

(1) 두 가지 이상의 사실을 단순히 나열한다.

예문 : 새가 **울고**, 꽃이 핍니다.
김 선생은 서울에서 **살고**, 이 선생은 부산에서 삽니다.
하늘은 **높고**, 바다는 깊어요.
바다는 **푸르고** 그 위로 배들이 떠 다녀요.
산에는 **크고** 작은 나무들이 많이 있어요.

(2) 두 개의 상황이 같은 시간에 일어났음을 나타낼 때 쓰인다.

예문 : 나는 피아노를 **치고**, 동생은 노래를 불렀습니다.
영수는 극장에 **가고**, 철수는 학교에 갑니다.
어제는 비가 **오고**, 바람도 불었어요.
우리는 다방에서 **기다리고**, 그 분은 식당에서 기다렸습니다.
그 아이는 **잠자고**, 우리는 이야기하고 있었습니다.

(3) 두 가지 이상의 상황이 순서적으로 연결되어 일어났음을 설명할 때 쓰인다.

예문 : 아침 밥을 일찍 **먹고** 학교에 갔습니다.
책을 **읽고** 독후감을 씁니다.
나는 어제 일을 **끝마치고** 친구와 다방에 갔어요.
그 사람이 사람을 **죽이고** 도망쳤습니다.
손을 **씻고** 저녁 식사를 합니다.

(4) 동사에 따라서는 선행문의 동작이 완료되어, 그 상태가 후행문에서 지속됨을 나타내기도 한다.

예문 : 형이 새 옷을 **입고** 외출했습니다.
김 선생은 내 손을 **잡고** 기뻐했습니다.

어제 기차를 **타고** 부산에 갔습니다.
배낭을 **메고** 산에 올라 갑니다.
가방을 **들고** 밖으로 나갔습니다.

(5) 앞에 오는 내용이 뒤에 오는 동작이나 사건의 근거나 이유가 된다.

예문 : 그 친구를 **믿고**, 돈을 빌려주었네.
복어를 **잘못 먹고** 죽은 이도 있어요.
어젯밤에 **과음을 하고** 늦잠을 잤군, 그래.
뇌물을 **받고** 구속이 되었답니다.
도둑을 **보고** 기절했지.

AVst고는

동작동사의 어간에 붙어, 선행동작이 완료된 다음에 후행동작이 이루어짐을 강조하는 경우에 쓴다.

예문 : 그 분하고 **약속을 하고는** 한번도 어겨본 적이 없습니다.
한번 **싸우고는** 다시는 나타나지 않았어요.
매일 샤워를 **하지 않고는** 통 잠을 이루지 못해요.
술을 **한잔하고는** 노래를 부르기 시작했어.
좋은 말로 **타이르고는** 야단을 치지 않았거든요.

Vst고도

'-고'에 '또한', '역시'의 뜻이 있는 조사 '-도'가 붙은 형식이다. 선행동작이 완료된 다음에, 그러한 선행동작 후에 예상되는 자연스러운 상태가 아닌 다른 상태가 됨을 나타낸다.

예문 : 대학까지 **졸업을 하고도** 집에서 빈둥빈둥 놀고 있다네.
저녁을 실컷 **먹고도** 또 간식을 먹으니, 원!

그런 얘기를 **듣고도** 웃지 않으니, 참!
한번 **실수하고도** 정신을 못차리니 어떻게 하죠?
연락을 **받고도** 오지 않았단 말이에요?

Vst고 보다

동작동사의 어간에 붙어, 선행동작이 완료된 다음에 그 결과를 기다려 본다는 뜻으로 쓰이는 종결어미이다. '조건'의 뜻으로 쓰이는 '-(으)면'과 어울려 '-고 보면', 원인이나 까닭의 뜻으로 쓰이는 연결어미 '-(으)니'와 어울려 '-고 보니'로도 쓰인다. 상태동사에 연결되면, 화자가 일시적으로나마 그 동사가 나타내는 내용을 가장 중요하게 생각함을 나타낸다.

예문 : 외상 술이니 **우선 마시고 보자**.
사귀고 보면 나쁜 사람이 별로 없어요.
사연을 **듣고 보니** 딱하군요.
여자는 **예쁘고 봐야** 해.
키는 **크고 볼** 일이에요.

AVst고서

(1) '고'의 뜻을 더 강하고 완전하게 나타내는 말로서 선행문의 동작이 이루어진 후에 계속하여 후행문의 동작이 이루어진다는 계기적인 순서를 나타낸다. 그러나 부정적으로, 기대에 반대되는 후행문이 오기도 한다. 선행문의 동사는 동작동사로 제한된다. '-고서' 뒤에 '-는', '-도' 등의 보조사가 붙어 강조의 뜻을 더하기도 한다.

예문 : 일을 다 **하고서** 돈을 받아야지요.
농사를 **짓고서** 수확할 날만 기다리고 있지요.
거짓말을 **하고서도** 눈 하나 깜짝하지 않는군요.
교통법규를 지키지 **않고서는** 사고를 막을 수가 없다구요.
책을 **읽고서는** 반드시 독후감을 써 보도록 하렴.

Vst고서야

(2) '-고서'에 강조의 뜻을 나타내는 조사 '-야'가 붙은 형태이다.

예문 : 상처한 후 10년을 **지내고서야** 재혼을 했대요.
그 사람의 신분을 **확인하고서야** 보증을 설 수 있지요.
거짓말을 **하고서야** 어찌 떳떳할 수 있겠어요?
좋은 일이 있지 **않고서야** 저렇게 기분 좋아할 수 있을까?
비행기 착륙 소식을 **듣고서야** 마음을 놓았을 거에요.

Vst고서라도

조사 '-라도'와 어울린 형태로, 후행문의 내용을 이루기 위한 수단과 방법을 선행문에 서술한 것임.

예문 : 잠이 안 오니 수면제를 **먹고서라도** 잠을 청해야겠어.
귀를 솜으로 **막고서라도** 일을 하겠어요.
열쇠로 문을 **잠그고서라도** 일을 보고 와라.
택시를 **타고서라도** 빨리 다녀오겠습니다.
웃돈을 **주고서라도** 마음에 드는 물건으로 바꿔오세요.

Vst고자

대체로 동작동사의 어간에 붙어서, 동작에 대한 내적인 의도 또는 희망을 나타낸다. '하다'가 뒤에 붙어 '-고자 하다'로도 쓰인다.

예문 : 휴가를 얻어 고향에 내려가서 좀 **쉬고자** 합니다.
학생들은 누구나 원하는 대학에 **입학하고자** 최선을 다하죠.
그 분은 **출세하고자 하는** 의욕이 아주 강해요.
선진국 대열에 **서고자**, 국민이 모두 매일 애쓰고 있어요.
한국을 **배우고자(해서)** 한국말을 열심히 배웁니다.

Vst고 해서

나열의 뜻으로 쓰인 '-고'에 '이유', '원인'의 뜻을 가진 '-해서'가 붙은 것으로 여러 가지 원인을 나열하지 않고 그 중의 대표적인 이유를 후행문에 둔 것이다.

예문 : (값도 비싸고) 질이 **안 좋고 해서** 그 물건을 사지 않았어요.
(졸리기도 하고) 영화 내용이 **재미없고 해서** 중간에 나왔어요.
몸도 **아프고 해서** 집에서 쉬었습니다.
그 친구는 **믿을만 하고 해서** 일을 시키기로 했죠.
말을 조리있게 **잘 하고 해서** 대표로 내세웠대요.

Vst(으)ㄴ/는가 하면

의문의 뜻을 가진 '-(으)ㄴ가 하다'에 조건의 뜻을 가진 '-(으)면'이 붙은 형태로서 선행문의 내용과 후행문의 내용이 서로 상반되거나 다른 내용임을 나타낸다. 두 개의 문장 사이에서는 '그런가 하면'으로 쓰인다. 동작동사, 이다동사와 결합한다.

예문 : 그 상점은 문이 **열려 있는가 하면** 닫혀 있는 경우도 많아요.
기분이 **좋은가 하면** 금방 화를 내더군요.
쉬운 말이 **있는가 하면** 어려운 말도 있기 마련이죠.
인종차별 문제가 **있는가 하면** 남녀차별 문제도 있어요.
출퇴근 시간엔 길이 많이 막혀요. **그런가 하면** 뜻밖에 차가 잘 빠질 때도 있어요.

Vst(으)ㄴ/는가 하다

어떤 동작이나 상태에 대한 생각이나 추측을 나타낸다. 또 '-나 하다'로도 쓰인다. 동작동사는 '-는가 하다', '-나 하다', 상태동사는 '-(으)ㄴ가 하다'를 많이 사용한다. 그리고 '-는가 하다' 뒤에 어미활용을 하여 다양하게 쓰인다.

예문 : 까치가 울기에 어디서 좋은 소식이 **오나 했어요**.
사무실이 조용해서 아무도 **안 계시나 했어요**.
주무시나 해서 전화를 바꿔 드리지 않았습니다.
비가 **오는가 하면** 개이고, **개이는가 하면** 옵니다.
대학에 **입학했나 했더니**, 어느새 졸업이군요.

Vst(으)나

(1) 선행문의 사실에 대하여 후행문이 반대되거나 선행 사실에 따르지 아니한다는 뜻을 지닐 때, 두 문장을 이어 주어 서로 역접관계(逆接關係)임을 나타낸다.

예문 : 비가 **오나** 바람은 불지 않는군요.
약을 **먹었으나** 아직도 감기가 낫지 않았어요.
그 의견에 **따르긴 하겠으나** 책임은 지지 못하겠습니다.
값은 좀 **비싸나** 그래도 질은 괜찮지요.
그 사람은 얼마 전엔 **부자였으나** 이제 거지가 되고 말았어요.

(2) '-(으)나 -(으)나'의 형태가 반복됨으로써 서로 상반되는 어떤 동작이나 상태에 특별히 구애받지 않고 후행문의 내용이 나타나는 경우에 쓰인다.

예문 : **자나 깨나** 술타령 뿐이라네.
괴로우나 즐거우나 나라 사랑하세.
앉으나 서나 그대 생각을 해요.
같이 있으나 떨어져 있으나 마음은 늘 같이 있어요.
보나 안 보나 뻔한 일이랍니다.

Vst(으)로 보나

특별히 어느 것을 선택하지 않아도 후행문의 내용이 이루어짐을 뜻한다. 이때 선행하는 명사나 명사구는 후행문처럼 말할 수 있는 평가의 방향이나 기준을 뜻한다.

예문 : 그 학생은 **어느 모로 보나** 모범생이군요.
무엇으로 보나 그 분은 지성인입니다.
경제면으로 보나 정치면으로 보나 그 나라는 장래가 없어요.
말하는 것으로 보나 행동으로 보나 참 보잘 것 없는 사람이에요.
집의 위치로 보나 전망으로 보나 집 값이 비싼 건 아니지요.

DVst(으)나 DVst(으)ㄴ

상태동사의 어간에 붙이고 같은 뜻의 말을 되풀이해 씀으로써 강조를 나타내는 연결어미이다. '-(으)나' 대신에 '-디'를 사용하는 경우도 있다.

예문 : **머나 먼** 고향 산천을 그리워 했다오.
크나 큰 사랑을 받고 살았어요.
기나 긴 여름을 어찌 지내지요?
높디 높은 산을 등반하고 돌아왔어요.
싸디 싼 물건이 산더미처럼 쌓였어요.

Vst(으)나 마나

부정의 뜻이 있는 '말다'와 연속적으로 쓰여 선행하는 동사의 행동이나 상태가 쓸모없거나 헛됨을 나타낸다.

예문 : 그런 책임감 없는 분은 **만나나 마납니다.**
너무 늦어서 지금은 **가나 마나에요.**
김밥 한두 개쯤은 **먹으나 마나지.**
남의 공책을 베끼는 숙제는 **하나 마나에요.**
그 사람에게는 **부탁하나 마나** 들어주지 않을 겁니다.

Vst(으)나마

선행문의 내용이 흡족하지 못하다는 뜻이며, '-더라도', '-지만'의 뜻을 나타낸다.

예문 : **많지는 않으나마**, 성의로 받아 주십시오.
맛은 **좋지 않으나마**, 좀 들어 보세요.
이것은 **적으나마**, 제 성의로 받아 주세요.
직접 **오지는 못하나마**, 전화라도 못 거나?
비록 도움은 **못 주나마** 약은 올리지 맙시다.

AVst느니

(1) 선행문의 내용보다 후행문의 내용이 더 낫다는 뜻을 표현한다. 후행문에서 '차라리' 등의 부사와 호응되기도 한다. 선행문의 동사는 동작동사로 제약되며, 비교를 나타내는 조사 '-보다'를 붙여 '-느니보다'로 쓰이기도 한다.

예문 : 그 아이를 **기다리느니** 내가 가지.
이렇게 **사느니보다** 죽는 게 낫겠어요.
추운 하숙집에 **가느니** 교실에 있는 게 편해.
그에게 일을 **시키느니** 네가 해.
개 죽음을 **당하느니** 차라리 싸우다 죽는 게 낫겠어요.

(2) 상반되는 내용이 서로 겹쳐 '-느니 -느니'로 쓰여 남들이 말한 여러 가지 이야기들을 전하며, 후행문에서는 선행문의 상황을 요약하여 표현한다. 간접인용문 뒤에 쓰이기도 한다.

예문 : 두 사람이 **가느니 안 가느니** 야단입니다.
아침부터 **백화점으로 가느니 시장으로 가느니** 의견이 분분하더군요.

관광지로는 **경주가 좋다느니 설악산이 좋다느니** 말이 많아요.
부산엘 **기차로 가자느니 고속버스로 가자느니 비행기로 가자느니** 의견이 많았어요.
주말에 오라느니 주중에 오라느니 말만 하다가 헤어졌죠.

AVst느라고/느라니까/느라면

(1) '-느라고'로 쓰이면 선행문이 후행문에 대한 이유나 원인을 나타낸다. 이때, 선후행문의 주어는 동일해야 하며, 후행문의 내용은 화자의 기대와는 다른 것이 된다. 또, 선행문의 동사는 동작동사로 제약되는데, 선행문의 동작이 계속되어 후행문의 바람직하지 못한 결과에 이르게 되었음을 뜻한다.

예문 : **자느라고** 도둑이 들어온 걸 몰랐어요.
이사하느라고들 혼났어요.
공부하느라고 주름살이 많이 생겼어요.
집을 **지키느라고** 아무데도 못 갔어요.
내 생각만 **하느라고** 남의 생각을 못했어요.

(2) '-느라니까, -노라니, -노라니까'로 쓰이면, 선행문의 동작이 이유, 원인이 되어 후행문의 결과를 발견하게 된다는 뜻이다. 이때에도 선행문의 동사는 동작동사로 제약된다. 선행문과 후행문의 문장상 주어가 다른 경우가 많다.

예문 : 누워서 책을 **읽느라니까** 잠이 오더군요.
참노라니까 화가 나서 못 견디겠어.
그 아이의 말을 **듣고 있느라니까** 저절로 웃음이 나더군요.
같은 문장을 여러 번 **읽노라니까** 외우게 되었어요.
고향의 부모님을 **생각하고 있노라니까** 저절로 눈물이 나더군요.

(3) '-느라면, -노라면'으로 쓰여, 선행문의 행동이 지속됨을 가정한다면

후행문의 결과에 이르게 됨을 나타낸다. 선행문의 동사는 동작동사로 제약된다.

예문 : 바쁘게 일을 **하느라면**, 배고픈 것도 잊어 버리죠.
어머니 사진을 **보느라면**, 어머니가 보고 싶어져요.
그 노래를 **부르노라면** 옛일이 되살아나요.
여기서 오래 **사노라면** 이 나라 사람을 이해하게 될 겁니다.
한평생을 **지내노라면** 어려움이 따르게 마련입니다.

Vstㄴ/는대서야

간접화법 '-ㄴ/는다고 하다'에 원인을 나타내는 '-어(아, 여)서' 그리고 강조의 뜻이 있는 '-야'가 어울려 된, '-ㄴ/는다고 하여서야'가 줄어든 말이다. 선행문의 원인으로는 결코 후행문의 결과를 가져올 수 없음을 뜻한다. '어찌, 어떻게'가 뒤따르기도 한다. 받침이 있을 때에는 '-는대서야', 받침이 없을 때에는 '-ㄴ대서야', 그리고 상태동사일 때에는 '-대서야'가 쓰인다.

예문 : 비싸게 산 물건인데 질이 **나쁘대서야** 말이 됩니까?
자기 일도 **못한대서야** 어른이라고 할 수 없죠.
친구를 **악용한대서야** 양심 없는 사람이죠.
남의 입장을 **생각하지 않는대서야** 사회생활을 어찌 할 수 있겠어요?
경찰이 도둑을 잡을 생각을 **안 한대서야** 시민이 어떻게 마음 놓고 살겠어요?

Vst(으)ㄴ/는데

(1) 후행문의 내용을 끌어내기 위하여 직접적으로나 간접적으로 관련될 만한 상황을 설명할 때 쓰는 연결어미이다.

예문 : 비가 **오는데**, 우산이 있습니까?
제가 책을 **읽는데**, 좀 조용히 해 주세요.

그 사람은 얼굴이 **예쁜데**, 왜 싫어합니까?
오늘은 **토요일인데**, 사무실에 가십니까?
내일이 시험 보는 **날인데**, 왠지 공부하기가 싫군요.

(2) 선행문과 후행문의 연결에 따라 반대 개념, 시간, 이유, 조건 등의 구체적인 의미로 표현되기도 한다.

예문 : 계속 치료를 **하는데**, 감기가 낫지 않아요.
형은 **공부하는데**, 동생이 밤에 들어 왔어요.
비가 **오는데**, 밖에 나가지 마세요.
날씨가 **좋은데**, 야외로 나갑시다.
동대문까지 **가는데**, 몇 분쯤 걸려요?

Vst(으)ㄴ/는데도

주로 뒤에 '불구하고'가 붙어 '-(으)ㄴ/는데도 불구하고'의 형식으로 쓰이나 '불구하고'가 생략되는 경우도 많다. 선행문의 내용에 구애받지 않고 후행문의 내용이 이루어짐을 뜻한다. 명사와 어울릴 때는 '-(으)ㅁ에도 불구하고'로 쓰인다.

예문 : **알고 있는데도** 모르는 체 하더라고요.
돈이 **많은데도** 생활은 형편없어요.
새 집인데도 비가 오기만 하면 새요.
몇 번씩이나 주의를 **주었는데도** 까먹으니 참!
미리 **예고를 했음에도 불구하고** 안 듣고 사고를 내더군요.

Vst(으)니까

(1) 선행문의 동작이나 상태가 후행문의 이유가 되는 경우에 쓰인다. '-어(아, 여)서'가 주로 일반적인 이유를 나타낸다면 '-(으)니까'는 화자의 주관적 느낌이나 생각을 나타낸다고 할 수 있다. 후행문의 종결어미로는 명령형이나 청유형이 많이 쓰인다.

예문 : 오늘은 날씨가 **추우니까** 옷을 많이 입으세요.
그 분은 한국에서 오래 **살았으니까** 한국말을 잘 할 거예요.
제가 **잘못했으니까** 제가 사과하겠습니다.
버스는 **복잡하니까** 택시를 탑시다.
내일은 **일요일이니까** 집에서 쉬십시오.

(2) 선행문의 동작이 후행문의 내용을 확인하거나 발견하게 하는 시간적인 계기가 되었음을 뜻한다. 이때 의문문을 제외하고 선행문의 주어는 화자이다.

예문 : 집에 **가니까** 친구의 편지가 있었습니다.
이 약을 **먹으니까** 감기가 낫더군요.
한국말을 **공부해 보니까** 재미있어요?
김 선생님 말을 **들으니까** 저도 잘 할 수 있겠다는 생각이 들어요.
김 선생을 **만나 보니까** 아주 좋은 분이더군요.

Vst(으)니

선행문의 내용이 후행문의 결과 내지는 이유가 됨을 알 수 있다. 그리고 동작동사, 상태동사, 이다동사에 두루 사용된다.

(1) 선행문이 후행문의 이유나 원인, 근거가 됨을 설명해 준다. 이때에는 '-(으)니까'로 대치될 수 있다(참조 187쪽). 이런 경우에는 후행문의 종결어미로 주로 명령형이나 청유형이 쓰인다.

예문 : 시간이 **없으니**, 좀 서둘러 공항으로 가세요.
부지런히 일하는 걸 **보니**, 성공할 것 같습니다.
몸이 좀 **불편하니**, 오늘 하루는 집에서 쉽시다.
12시가 **되니** 시장기가 생기는군요.
해가 **지니** 석양에 저녁 노을이 져서 예쁘군요.

(2) 이미 제시된 선행문의 상황으로 인해 발생할 수 있는 화자의 설명, 결과, 느낌, 의혹 등을 후행문에 제시한다. 종결어미로는 명령형, 청유형은 쓰이지 않으며, 후행문에는 '웬일일까?', 큰일이다, 어떻게 하지요' 등의 문장이 많이 쓰인다. 또 '-(으)니까'의 대치는 어렵다.

예문 : 해가 뜬 지 오랜데 아직도 **안 일어나니** 웬일일까?
매일 같이 지각을 **하니** 큰일입니다.
돈이 다 **떨어졌으니** 뭘 먹고 살까.
집안이 쥐 죽은 듯 **조용하니** 아무도 없나 봅니다.
이렇게 날이 **가무니** 어떻게 하지요.

Vst(으)니 만큼

선행문이 후행문의 원인이나 근거가 됨을 나타내는 연결어미 '-(으)니'에 명사 '만큼'이 어울려 쓰인 형식이다. 선행문의 내용으로 인해 후행문의 결과가 나타남을 뜻한다.

예문 : 부모가 **잘 생겼으니 만큼**, 그 집의 딸들도 예쁘게 생겼을거야.
귀한 **손님들이니 만큼** 각별히 조심하거라.
시간이 **촉박하니 만큼** 일찍부터 서둘러야 해요.
복을 많이 **받았으니 만큼** 남을 위해 베풀면서 살아야죠.
요즘은 **장마철이니 만큼** 제때제때 빨래를 말려야 할 거에요.

Vst다가

계속되던 상태나 동작이 중단되고 다른 동작으로 바뀌거나 새로운 일이 생기는 것을 나타낸다. 때로는 '-다'만으로 쓰이기도 한다.

예문 : 학교에 **가다(가)** 친구를 만났어요.
소설을 **읽다(가)** 친구하고 같이 외출했습니다.
도서관에서 **공부하다(가)** 늦게 집에 돌아 왔습니다.
어젯밤에 텔레비전을 **보다(가)** 숙제를 했습니다.

편지를 **쓰다(가)** 문득 생각이 나서 전화를 걸었습니다.

Vst었(았, 였)다가

과거 또는 완료를 나타내는 '-었(았, 였)'이 앞에 오면, 선행문의 동작이 완료되어 중단되었음을 뜻한다. 그리고, 이 문형은 선행문과 후행문의 내용이 서로 상반될 때 잘 어울린다.

예문 : 약속을 **했다가도** 취소할 수 있습니까?
배웠다가도 안 쓰면 잊어 버립니다.
물건을 **샀다가** 마음에 안 들면 바꿀 수 있어요?
그는 화가 나면 방안을 **왔다 갔다** 합니다.
눈을 **떴다 감았다** 해 보세요.

Vst다가는

'-다가'에 보조사 '-는'이 붙은 말로서 선행문의 동작이나 상태가 계속되면 후행문에 좋지 않은 결과가 따름을 암시하는 뜻의 연결어미이다.

예문 : 그렇게 **놀기만 하다가는** 낙제한다.
잘난 척하다가는 언젠가 큰 코 다칠 줄 알아라.
부모님 말씀을 **거역하다가는** 나중에 후회할지도 몰라요.
돈을 **물쓰듯 하다가는** 늙어서 고생해요.
아이를 너무 **애지중지하다가는** 버릇 없는 아이가 되고 말아요.

Vst다가도

연결어미 '-다가'에 보조사 '-도'가 붙은 말이다. 또 선행문과 후행문의 내용이 서로 상반됨을 나타내는 유형이다.

예문 : 보통 때 잘 **하다가도** 하라고 하면 못합니다.
그는 잠을 **자다가도** 가끔 깜짝깜짝 놀라요.

참 **알다가도** 모를 게 사람의 마음입니다.
평소에는 잘 **참다가도**, 어떤 땐 심하게 화를 냅니다.
빨간색이 **좋다가도** 싫증날 때가 있어요.

Vst다(가) 보면

선행문은 어떤 시점에서 그때까지 계속되어 온 과정을 나타내고, 후행문은 선행문을 통해 느껴지는 결과적인 감정이나 사실, 경험 등을 표현한다.

예문 : 한솥밥을 **먹다가 보면** 미운정 고운정이 다 듭니다.
같이 **생각하다 보면** 좋은 안이 떠오를 때가 있죠.
살다 보면 별별 일이 다 생길 겁니다.
틀에 박힌 생활을 **하다가 보면** 짜증이 날 때가 많습니다.
혼자 **고생하며 살다 보면** 독립심과 자신감이 생기죠.

Vst다(가) 보니

선행문의 어떤 상황이나 행위가 계속되는 과정에서 나타나는 후행문의 결과를 연결하는 연결어미이다.

예문 : 그 일에 **열중하다가 보니**, 시간 가는 줄 몰랐습니다.
한참 **먹다가 보니**, 앞에 앉았던 분이 없어졌더군요.
열심히 **살다 보니**, 어느새 얼굴엔 주름살이 생겼군요.
친구들과 **한잔하다 보니**, 귀가 시간이 늦어졌어요.
생각없이 돈을 **쓰다 보니**, 한 달 봉급이 다 날아가 버렸어요.

AVst다(으)려다가

'-(의)려고 하다가'의 준말이며, 동작동사와 결합되어 쓰인다. 선행문의 의도된 생각이나 행위가 진행도중, 다른 생각이나 행위가 개입되어 나타나는 결과이다.

예문 : **재혼하려다가** 아이들 때문에 못 했습니다.
전화를 **걸려다가** 너무 늦어서 못 걸었습니다.
회사측에 **건의하려다가** 보류하기로 했어요.
원료 수입을 **하려다가** 자체 생산키로 결정했습니다.
아이들을 **혼내주려다가** 한번 더 눈 감아주기로 했습니다.

AVst(으)려다(가) 말고

'-(으)려다(가)'에 부정이나 금지의 뜻을 가진 '말다'가 연결되어, 선행문의 동작을 하려는 의도는 있었지만 실제로 행하지 못했다는 뜻을 나타낸다.

예문 : **자려다 말고** 일어나서 뭘 하세요?
택시를 **타려다 말고** 버스 쪽으로 뛰어갔습니다.
뭔가 한마디 **하려다 말고** 나가 버리더군요.
뭔가 말을 **하려다 말고** 입을 다물었습니다.
용돈을 **주려다 말고** 돈 지갑을 그냥 주머니에 넣었어요.

Vst다 못해

선행문의 동작이나 상태가 지속될 수 없음과 그 결과를 극대화시켜 후행문에 나타낸다. 또 후행문의 동작이나 상태를 나타내는 명사에 '-까지'를 붙여 강조의 뜻을 나타낸다.

예문 : 그녀는 **참다 못해** 울음을 터뜨리고 말았어요.
그 음식을 **먹다 못해** 개에게 주었어요.
야단치다 못해 때리기까지 했어요.
그 글을 보고 **놀라다 못해** 까무러치기까지 했습니다.
거짓말을 **하다 못해** 이젠 속이기까지 하니?

AVst어(아, 여)다(가)

동작동사 어간에 붙어 쓰이며, 선행문의 동작의 결과가 후행문에 이어짐을 뜻한다. 이때 두 동작의 대상은 하나이지만, 동작이 일어나는 장소는 각각 다르다. 즉, 선행문에 제시된 물건의 장소 이동이 필수적으로 이루어진다.

예문 : 그 상에 있는 화병 좀 **가져다** 주시겠습니까?
음식을 **만들어다가** 친구한테 주었더니 좋아하던데요.
양복감을 **사다가** 양복점에 맡겼어요.
가끔 저녁을 중국집에서 **시켜다가** 먹어요.
원자재를 **수입해다가** 만들어서 수출을 합니다.

Vst다손 치더라도

화자가 선행문의 내용을 쉽사리 받아들일 수 없지만, 그래도 가정하여 인정하더라도 후행문의 상황은 인정하여 받아들일 수 없음을 강하게 표현한다. 비록 선행문의 내용은 그렇다고 인정해도 후행문의 내용은 안 된다는 뜻이다.

예문 : 아무리 욕심이 **많다손 치더라도** 그만하면 만족하겠지.
갈 때는 비행기로 **간다손 치더라도** 올 때에는 비행기로 올 수 없어요.
아무리 버릇이 **없다손 치더라도** 어른 앞에서 담배를 피울 수 있나요?
아무리 세상이 **믿을 수 없다손 치더라도** 자식이 부모를 못 믿다니!
아무리 시간이 **없다손 치더라도** 밥 먹을 시간쯤이야….

Vst다시피

(1) 주로 '알다, 보다, 듣다' 등 경험을 나타내는 동사 뒤에 관용적으로 쓰여, 주어가 '경험한 대로, 경험한 것처럼' 등의 뜻을 나타낸다. 따라서, 후행문은 경험 내용에 대한 재확인으로서의 의미가 있다.

예문 : **보시다시피**, 눈코뜰새 없이 바쁩니다.
방송을 **들으셨다시피**, 작년에 비해 물가가 많이 내렸어요.
여러분도 **아시다시피**, 세계 정세가 말이 아닙니다.
보시다시피, 우리는 지금 어려운 처지에 놓여 있습니다.
선생님도 **아시다시피**, 나는 한국에 처음 왔어요.

(2) 뒤에 '하다'가 붙으면 '-다시피 하다'로 구성되며 거의 선행동사의 내용과 똑같이 이루어짐을 과장해서 표현한다.

예문 : 그는 우리 집을 제 집 **드나들다시피** 합니다.
작은 아버지가 그의 학비를 거의 다 **대다시피** 했어요.
약을 먹고 하루 종일 **자다시피** 했다네.
어젯밤은 뜬 눈으로 **새우다시피** 했습니다.
너무 바빠서 **뛰어다니다시피** 하거든요.

Vst더니

이것은 회상을 나타내는 '-더'(참조 137쪽)와 설명의 어미 '-(으)니'(참조 184쪽)가 결합된 형태로, 선행문에는 과거의 경험을 바탕으로 하는 근거를 제시하고 후행문은 그 결과에 이르렀음을 나타내는데, 선·후행문의 내용에 따라 그 구체적 의미가 드러난다.

(1) 화자가 실제로 과거에 직접 경험한 사실이, 계속적으로 일어나는 후행문의 내용에 대한 근거나 원인이 된다. 주어는 보통 2, 3인칭이다.

예문 : 연습을 열심히 **하더니** 이젠 퍽 잘 하는군요.
애기가 **울더니** 잠이 들었어요.
그녀가 편지를 **읽더니** 울기 시작했습니다.
그 애가 과식을 **하더니** 배탈이 난 모양이죠.
빛깔이 **좋더니** 맛도 좋군요.

(2) 선행문은 직접 경험한 바를 회상하는 내용을 나타내고, 후행문은 시간의 흐름에 따라 그 후에 변화된 내용을 나타낸다.

예문 : 어렸을 땐 늘 **울더니** 아주 어른스러워졌어요.
이곳이 **주택지더니**, 지금은 유흥업소로 꽉 찼군요.
어제는 **춥더니** 오늘은 따뜻하네요.
어제는 그 분의 기분이 **좋더니**, 오늘은 저조해 보이는군요.
바람이 **불더니** 이젠 비까지 오는군.

(3) 앞에 '-었(았, 였)'이 붙어, 실제로 경험한 바 사건의 완료적 결과가, 계속적으로 이어지는 후행문의 근거나 원인이 됨을 설명해 준다. 주어는 보통 화자 자신이다. 선행문과 후행문의 주어가 대개는 다르다.

예문 : 내가 학교에 일찍 **갔더니**, 그가 벌써 와 있었습니다.
그 분을 **만났더니**, 무척 반가워하시더군요.
어제 옷을 한두 벌 **샀더니**, 월급이 다 달아났습니다.
웃었더니 배가 다 아픕니다.
그 아이를 좀 **타일렀더니** 울더군요.

(4) 한정의 뜻이 있는 '-만'을 붙여 '-더니만'으로 쓰면 강조의 의미가 더해진다. 주어는 보통 2, 3인칭이다.

예문 : 한번 **가더니만**, 다시는 오지 않았습니다.
애기가 주사를 한번 **맞더니만**, 그만 울어 버립니다.
어머니가 과로를 **하시더니만**, 그만 몸살이 나셨어요.
오랫동안 **앓더니만**, 몸이 많이 야위었군요.
동생이 술을 **한잔하더니만**, 기분이 매우 좋아졌어요.

Vst더라도

선행문의 내용을 가정하여 인정하지만, 결과적으로는 후행문의 내용이 되어야 함을 의미한다. '아무리' 등의 부사와 함께 쓰면 선행문의 사실을 인정하면서도, 오히려 후행문의 내용을 강조한다.

예문 : 아무리 일이 **어렵더라도** 도중에 포기해서는 안 돼요.
아무리 비바람이 **치더라도** 길을 떠나겠소.
아무리 고생이 **되더라도** 참고 견디며 살아 보겠습니다.
아무리 자신이 **있더라도** 충고를 듣는 게 좋을 겁니다.
아무리 자기 **돈이더라도** 낭비하면 안 돼요.

Vst었(았, 였)더라면

지나간 사실을 가정적으로 돌이켜 보면서 그 결과가 실제와 달리 후행문처럼 되었을 거라고 예측하는 것이다. 따라서, 후행문에는 후회나 예측의 뜻이 드러나는 경우가 많다.

예문 : 집에서 좀 일찍 **떠났더라면** 기차를 안 놓쳤을걸.
주말에 좀 **쉬었더라면** 몸살은 안 났을텐데.
조심을 **했더라면** 망신을 당하지 않았을 겁니다.
평소에 **성실했더라면** 좌천은 당하지 않았겠죠.
용돈을 좀 절약해 **썼더라면**, 남에게 돈을 빌리지 않아도 되었을 겁니다.

Vst던데

회상을 나타내는 '-더'에 연결어미 '-(으)ㄴ데'가 결합된 형태이다. 후행문을 도출해내기 위해서 그와 관련될 만한 지나간 사실을 먼저 회상하여 제시하는 경우에 쓴다.

예문 : 조금 전에 점심을 **먹던데** 벌써 배가 고프세요?
전 사원이 임금 문제로 말이 **많던데**, 괜찮으세요?
그 색이 잘 **어울리시던데**, 바꿔 입으셨군요.

사장님이 굉장히 화가 **나셨던데** 무슨 일이 있었어요?
그 그림 값이 꽤 **비싸던데**, 두 점이나 사셨어요?

Vst(으)ㄴ들

선행문의 내용이 후행문에 제약이 될 수 없음을 뜻한다. 즉, 선행문의 동작이나 상태를 가정하여 인정하더라도 그것에 구속되지 않고 후행문의 결론에 도달하게 된다는 뜻이다. '-라고 할지라도 어찌'의 뜻으로 후행문이 반어적 의문문으로 많이 쓰인다.

예문 : 값이 **비싼들** 얼마나 비싸겠니?
기름이 없으니 난로가 **있은들** 무슨 소용이 있어요?
그 분 고집이 세니 **얘기한들** 뭘 해요?
누가 뭐라고 **한들** 자기 일만 잘하면 되지, 뭐.
실패하고 나서 **후회한들** 무슨 소용이 있겠니?

서술격 조사 '-이다'가 어미 활용을 하는 경우에는 '-으' 대신 '-이다'의 '-이'가 나타난다. 따라서 '-(으)ㄴ들'은 '-(이)ㄴ들'이 되는데, 이때 서술어의 주어는 문장에 나타나지 않기 때문에 연결어미가 아니라 '명사+조사'와 같은 구성이 된다.

예문 : 돈이 없으니 **난들** 어쩌겠니?
그 **사람인들** 무슨 힘이 있겠어요?
실력이 있으면 그런 **일인들** 못하겠어요?
그렇게 좋은 환경에서 **누군들** 성공 못하겠습니까?
부모님의 상을 당했으니 그 분 **마음인들** 얼마나 슬프겠어요?

Vst었(았, 였)던들

지나간 어떤 사실을 반대로 가정해 볼 때, 현재의 실제적 결과와는 다른 결과가 되었을 것이라는 가정적 추측의 뜻을 나타낸다.

예문 : 그때 내가 **있었던들** 그런 일이 생기지 않았을 거야.
자네가 **없었던들** 내 인생이 얼마나 괴로웠을까?
그날 그곳에 가지 **않았던들** 사고는 없었겠지.
내 나이가 조금만 더 **젊었던들** 도봉산쯤이야 올라갔겠지.
서로 한 발자욱씩만 **양보했던들** 싸우지는 않았을 거예요.

Vst던지

회상을 나타내는 '-더'와 의문의 뜻을 나타내는 '-(으)ㄴ지'가 결합된 형태인데, 선후행문의 내용에 따라 구체적인 의미가 드러난다.

(1) 지난 일을 생각하면서 구체적으로 드러나지 않는 내용을 어렴풋이 회상해 보는 것이다.

예문 : 내가 왜 **울었던지** 모르겠어요.
그때 그가 어디에 **있었던지** 생각이 나요?
작년 이맘 때 어디서 뭘 **했던지** 통 모르겠어요.
회의에 누가누가 **참석했던지** 기억하세요?
고향에서 편지가 오기를 얼마나 **기다렸던지** 할 일을 다 잊어 버렸어요.

(2) 선행문의 내용을 돌이켜 생각하면서 그것이 후행문의 이유가 되었음을 나타낸다. '어찌, 어떻게나, 얼마나'와 같이 쓰여, 선행문의 내용이 대단하였음을 나타낸다.

예문 : 어찌 **춥던지** 얼어 죽는 줄 알았어.
어떻게나 **좋았던지** 껑충껑충 뛰었어요.
술을 얼마나 **마셨던지** 정신이 하나도 없어요.
어제는 얼마나 **피곤했던지** 그냥 쓰러져 잤어요.
얼마나 **웃었던지** 배가 다 아팠어요.

Vst도록

'-도록'은 주로 동작동사와 같이 어울려 쓰는 연결어미로, '-었(았, 였)'이나 '-겠'과는 같이 쓰이지 않는다.

(1) 동작의 정도나 시간, 공간의 한계를 나타낸다.

예문 : 어제 밤이 **새도록** 공부했습니다.
배가 **터지도록** 많이 먹었어요.
김 선생은 **죽도록** 그 여자를 사랑했어요.
목이 **터지도록** 노래를 불렀습니다.
6월이 **되도록** 꽃이 피지 않았습니다.

(2) 의식적으로 이끌어 가는 방향이나 목표를 나타낸다.

예문 : 김 감독은 이번 경기에서 **이기도록** 선수들을 격려했습니다.
나무가 잘 **자라도록** 정성껏 돌봐 줍니다.
교통사고가 **나지 않도록** 조심하십시오.
학생들이 **이해할 수 있도록** 쉽게 설명해 주십시오.
아이들의 손이 **닿지 않도록** 이 약을 높은 곳에 두세요.

(3) 어떤 상태에 도달하기 위한 동작을 나타내는 종결어미이다. '-도록'에 '하다'를 붙여서 사동의 뜻을 갖는다.

예문 : 배가 고프면 식사하**도록 해요**.
내일 아침에 일찍 일어나**도록 하세요**.
김 선생을 만나려면 사무실로 가 보**도록 하세요**.
이 그릇이 깨지지 않게 조심하**도록 하겠습니다**.
이제부터 열심히 공부하**도록 하겠습니다**.

Vst되

연결어미 '-되'는 동작동사, 상태동사 그리고 이다동사와도 어울리나

'-었' 이나 '-겠' 과는 같이 쓰이지 않는다.

(1) 선행문의 내용을 인정하면서도, 그와 관련된 제한적 조건이나 보충 내용을 후행문에 둔다.

예문 : 바람은 **불되** 그리 세게 불진 않아요.
술은 **좋아하되** 자주 마시진 않아요.
잠은 **자되** 깊은 잠을 못 잔답니다.
생활비는 많이 **들되** 월급으로 모자라진 않아요.
돈은 **많되** 있는 체를 별로 안하는군요.

(2) 선행문의 사실을 인정하거나 허락하지만, 후행문에서는 구속하는 경우에 쓴다. 후행문에서는 명령형이나 '-어(아, 여)야 해요' 가 많이 쓰인다.

예문 : 일은 **하되**, 과로하진 마세요.
술은 **마시되**, 적당히 마시세요.
외출은 **하되**, 오후 2시까진 돌아오세요.
건물을 **확장하되**, 공사는 봄부터 시작하세요.
회의를 **소집하되**, 전원이 참석해야 합니다.

N(이)로되

(1) 명사 또는 명사구나 명사절에 붙어, 선행문의 사실을 시인함과 동시에 후행문에 조건을 붙이는 경우이다. '-되' 보다 강조된 것이다.

예문 : 이것은 한국에서 **만든 것이로되** 성능이 좋아요.
네가 잘못한 일은 **아니로되** 사과를 하도록 하렴.
사고를 낸 것은 **사실이로되** 부득이한 사고였다고 설명하세요.
당신 짐은 **아니로되** 좀 들어줘요.

(2) 후행문의 사실이 선행된 말에 구속되지 않음을 나타내는 말이다.

예문 : 봄은 **봄이로되** 바람은 아직 차군요.
학생은 **학생이로되** 어쩐지 학생티가 안나는구먼.
귀한 것은 **귀한 것이로되** 좁은 공간에 들여놓을 틈이 없다오.
상표는 **외제상표로되** 외제는 아닌 것 같구려.
꽃은 **꽃이로되** 호박꽃이로군요.

Vst든지

연결어미 '-든지'는 동작동사, 상태동사, 이다동사에 두루 쓰이며, 선행문과 후행문을 대등하게 연결한다. '-든가'로 대치해 사용할 수도 있다. 또 동사어간과 든지 사이에 존대형 어미 '-시'나 과거형 어미 '-았'이 첨가되어 사용될 수 있으며, 미래형 어미 '-겠'이 삽입될 때는 '-겠다든지'로 사용 가능하다.

(1) 문장 중 '무엇, 누구, 뭘, 무슨, 어떤' 같은 관계 대명사와 같이 쓰이는 경우가 많다.

예문 : 무엇을 **하든지** 열심히 하세요.
누구를 **만나든지** 친절히 대해야지요.
뭘 **먹든지** 소화는 잘 됩니다.
무슨 말을 **듣든지** 마음에 두지 마세요.
어떤 결정을 **내리시든지** 저는 찬성입니다.
양식이 싫으시면 한식을 **드시겠다든지** 분명히 말씀드리세요.

(2) 다음은 문장 중 '-든지 -든지'가 겹쳐 사용되는 경우 선행문과 후행문은 서로 대립적이며 선택의 중요성은 약하다고 본다. 또 '든지'의 '-지'가 생략될 수 있다.

예문 : 술을 **마시든(지)** 담배를 **피우든(지)** 마음대로 하세요.
나가든(지) 들어오든(지) 어서 문을 닫아 주십시오.
낮잠을 **자든(지)** 책을 **읽든(지)** 알아서 해라.

빨간 **색이든(지)** 파란 **색이든(지)** 빨리 결정해.
싫든(지) 좋든(지) 내가 할 일입니다.

(3) 'Vst든지 말든지' 또는 'Vst든지 안 Vst든지' 등에서와 같이 긍정과 부정을 나열하고 선택에 무관함을 나타낸다.

예문 : 밥을 **먹든지 말든지** 마음대로 해라.
돈을 **벌든지 안 벌든지** 난 몰라.
그가 무슨 말을 **하든 말든** 난 상관없어요.
대학을 **다녔든 안 다녔든** 사람 됨됨이를 보라구요.

Vstㄴ/는다든지

간접인용문 구성 '-ㄴ/는다고 하든지'에서 '-고 하-'가 생략된 구성이다.

예문 : 건강이 좋지 않으니까 휴학을 **한다든지** 해야 할 것 같아요.
의견을 물으면, **좋다든지 나쁘다든지** 대답을 해야지요.
아버지께서 **가라든지** 하셔야 제가 마음놓고 떠날 수 있습니다.
약을 먹으라든지 주사를 맞으라든지 의사가 말을 해 주겠지요.
친구가 오랜만에 **한잔 하자든지** 하는 경우엔 어떻게 하시겠어요?

Vst듯(이)

선행동사의 내용과 '거의 같이' 또는 '그것처럼'의 뜻으로 쓰이는 부사형 어미로, 때로는 '-듯이'로 나타나기도 한다. 명사 '듯'과는 뜻이 비슷하지만 쓰임은 서로 다르다(참조 28쪽).

예문 : 물 **쓰듯(이)** 돈을 쓰면 되겠니?
비 **오듯(이)** 흐르는 눈물을 어떻게 막을 길이 없었어요.
그는 **뛰어가듯** 빠른 걸음으로 가 버렸습니다.
그는 밥 **먹듯(이)** 거짓말을 하는 사람입니다.
강물이 바다에서 다시 **만나듯(이)** 우리도 언젠가는 다시 만날 겁니다.

AVst(으)ㄹ라치면

동작동사의 어간에 붙어 쓰이며, 선행문의 동작을 하려고 생각하거나 가정하면 후행문의 내용이 나타난다는 뜻의 연결어미이다. 몇 번 경험한 일을 가정하는 경우에 쓰인다.

예문 : 잘 놀다가도 엄마가 밖에 **나갈라치면** 애기가 울더군요.
요즘 바깥 청소를 **할라치면** 꼭 비가 오더라구요.
그 남자는 내가 좀 관심을 **표할라치면** 꼭 미운짓을 해요.
비가 **올라치면** 반드시 먹구름이 끼어요.
저축 좀 **할라치면** 꼭 돈 쓸 일이 생기더라고요.

Vst(으)ㄹ뿐더러

어떤 일이 그것으로 그치지 않고, 그 밖의 다른 일이 더 있음을 나타낸다. '-(으)ㄹ+뿐+더러'로 구성되었으며 '-(으)ㄹ뿐만 아니라'(참조 35쪽)로 대치될 수 있다.

예문 : 그는 공부도 잘 **할뿐더러** 집안 일도 잘 돌봐.
그는 **학자일뿐더러** 정치가이기도 합니다.
요즘은 날씨도 **더울뿐더러** 습기도 많지요.
돈은 벌기도 **어려울뿐더러** 쓰기도 힘들어요.
그 책은 내용도 **충실할뿐더러** 문장도 아름답습니다.

Vst(으)ㄹ수록

(1) 어떤 동작이나 상태가 더해감을 나타낸다.

예문 : 한국말은 **공부할수록** 재미있습니다.
바쁠수록 운전을 조심해야 합니다.
그 분은 **만날수록** 좋은 사람인 것 같아요.

훌륭한 **사람일수록** 많은 사람에게서 존경을 받습니다.

(2) '-(으)면'과 결합하여 정도가 더해감을 더 강하게 표현한다.

예문 : 여행을 **하면 할수록** 견문이 넓어집니다.
그 노래를 **들으면 들을수록** 새로운 느낌이 듭니다.
날씨가 **추우면 추울수록** 사람들의 활동이 적어집니다.
세월이 **가면 갈수록** 어린 시절이 그립습니다.
정이 **들면 들수록** 헤어지기는 더욱 힘든 법입니다.

Vst(으)ㄹ지라도

어떤 동작이나 상태를 인정한다고 가정해도, 후행문의 내용만은 반드시 지켜야 한다는 강한 구속적 의미를 나타낸다. 또 '-(ㄴ/는)다고 해도'로 대치 가능하다.

예문 : 난 날씨가 **좋지 않을지라도** 떠나겠소.
친척 **사이라 할지라도** 공과 사는 구별할 줄 알아야 해요.
야단을 **맞을지라도** 할 말은 해야지요.
아무리 **어린아이일지라도** 무시해서는 안 되지요.
아무리 **급할지라도** 과속해선 안 돼요.

Vst(으)ㄹ지언정

선행문과 후행문은 보통 상반되는 내용인데 만약 둘 중에 하나를 택한다면 후행문보다는 차라리 선행문을 택하겠다는 강한 의지를 나타낼 때 사용한다.

예문 : **늦을지언정** 과속은 말아야죠.
차라리 권리를 **포기할지언정** 거짓말은 하지 않겠습니다.
비록 **동냥은 할지언정** 그 일은 하지 않겠어요.
굶을 땐 **굶을지언정** 오늘은 잘 먹어야겠군요.
죽을 땐 **죽을지언정** 수술은 받겠어요.

Vst(으)ㄹ진대

선행문의 사실이 당연히 그럴 것이라고 인정하면서, 선행문이 뒤에 오는 말의 근거나 조건이 됨을 뜻한다.

예문 : 나라를 사랑하고 **아낄진대** 어찌 군복무를 마다하겠어요?
세계 평화를 **염려할진대** 핵무기 생산을 왜 안 막으리오.
지구의 앞날을 **걱정할진대** 환경 오염을 어찌 방관하겠어요?
굶주림의 무서움을 **알진대** 왜 아프리카 난민을 모른다 하겠습니까?

Vst(으)랴, Vst(으)랴

동작동사에 붙어, 동시에 이일 저일을 모두 함을 나타낸다.

예문 : **노래하랴, 춤추랴** 숨이 꽤 차겠네.
악수하랴, 인사하랴 제 정신이 아니었답니다.
이달에는 **재산세 내랴, 자동차세 내랴** 돈이 엄청 들겠어요.
아들 **눈치 보랴, 며느리 눈치 보랴** 신경이 많이 쓰이시겠네요.
예습하랴, 복습하랴 아르바이트 할 시간이 어디 있겠어요.

Avst(으)려고

(1) 문장 주체자의 의도를 제시하고 그 실행 방안을 후행문에 제시하는 연결어미로 동작동사와 쓰이며 상태동사는 쓰이지 않는다. 또 후행문의 동사 시제는 현재형과 완료형이 쓰인다.

예문 : 한국말을 **배우려고** 한국어학당에 다닙니다.
부모님께 **드리려고** 선물을 샀습니다.
부산에 **가려고** 기차를 탔습니다.
시원한 공기를 **마시려고** 창문을 열었습니다.
여행가려고 한 달 전부터 계획을 세웠습니다.

(2) 동사 '하다'와 연결되어 의도나 예정, 계획 등을 나타낸다. 이때 '-고'가 생략되어 '-(으)려 하다'로 쓰이기도 한다.

예문 : 생활의 여유가 생기면 도자기를 **모으려(고) 합니다**.
퇴근한 후에는 맥주집에 들러서 **한잔하려(고) 해요**.
말 많고 입이 가벼운 사람하고는 사귀지 **않으려(고) 합니다**.
돈이 생기면 친구들한테 한턱을 **내려(고) 합니다**.
휴가를 얻으면 설악산으로 등산을 **가 보려(고) 합니다**.

'-(으)려고 하다'에 연결어미 '-(으)면, -는데, -(으)니까, -다가, -던' 등이 붙어 함께 쓰이기도 한다.

예문 : 여권 신청을 **하려고**, 외무부에 갑니다.
진급을 **하려면**, 열심히 공부해야 합니다.
피곤해서 잠을 **자려는데**, 전화가 걸려왔습니다.
좋은 취직 자리를 **구하려니까**, 힘이 듭니다.
오후 5시에 **출발하려던** 비행기가 엔진 고장으로 연착되었어요.
화를 **내려다가** 그냥 참기로 했지요.

Vst(으)려거든

'-(으)려고 하거든'의 준말로서, 선행문의 의도가 사실이면 후행문의 일을 하는 것이 당연함을 뜻한다. 후행문은 대개 명령형이나 청유형이 오거나 그러한 뜻으로 쓰인다.

예문 : 잠을 **자려거든** 불을 끄고 자거라.
성공을 **하려거든** 끈기 있게 노력해야 한다.
출근 시간에 **맞추려거든** 한 시간 전에 떠나세요.
도둑을 **잡으려거든** 도둑보다 빨리 뛰어야 해요.
집을 **지으려거든** 기초부터 튼튼히 하십시오.

Vst(으)려니

혼자만의 추측으로 '그러하겠거니'의 뜻을 나타내는데, 이것은 뒤에 '-하다'가 붙어서 추측하는 행동이나 상황을 나타낸다. 이때의 주어는 2, 3인칭이 된다.

예문 : 그가 나를 **이해해 주려니 하고** 믿었어요.
어제는 그가 **오려니 하고** 기다렸습니다.
나는 그가 깨끗한 **정치가려니** 생각했어요.
나는 그가 그 일을 **못 하려니** 생각했는데, 잘 해 냈습니다.
네가 먼저 **사과하려니** 생각하고 기다렸어.

그런데 주어가 화자 자신이거나 문장 속의 주어가 행동의 주체일 때는 '-(으)려니'가 '-(으)려고 하니'에서 '-고 하-'가 생략된 형태로서 주어의 의도를 나타낸다. 즉, 선행문의 내용을 의도했으나 그것이 완료되지 않은 상태에서 후행문의 결과가 나타남을 보인다. 이때 선행문의 동사는 동작동사로 제한된다.

예문 : 남을 **주려니 아깝고**, 내가 먹으려니 배가 부릅니다.
여행을 **하려니 돈이 없고**, 집에 있으려니 답답했습니다.
혼자 **하려니 힘에 겹고**, 도움을 받으려니 자존심 상해.
밤을 새워가면서 이 일을 **끝내려니 저절로 한숨이 나오네요.**
이 무거운 짐을 혼자 다 **옮기려니 허리가 끊어질 듯 아프군요.**

Vst(으)려니와

선행문의 내용을 후행문에 첨가시키는데, 미래의 일이나 가정적인 일에 관하여 '그러함은 물론이고'의 뜻을 나타낸다.

예문 : 앞으로는 그 분을 **만나지도 않으려니와** 만날 필요도 없습니다.
유럽에 가면 독일에도 **들르려니와** 영국에도 가겠어요.

그 여자는 마음씨도 **고우려니와** 부지런하기도 합니다.
오늘은 기분도 **좋으려니와** 날씨도 아주 좋군요.
동대문 시장은 물건도 **많으려니와** 값도 쌉니다.

Vst기도 하려니와

두 가지 이상의 동작이나 상태가 나열될 때 많이 쓰이는데, 그 때에는 화자가 말하려는 대상은 같다.

예문 : 그는 **똑똑하기도 하려니와** 노력도 대단합니다.
갈비는 맛이 **있기도 하려니와** 영양가도 높아요.
필요할 땐 **도와주기도 하려니와** 충고도 할거야.
성격이 **좋기도 하려니와** 머리도 좋아요.
체격이 **크기도 하려니와** 건강하기도 해.

N도 N(이)려니와

N도 N(이)려니와의 유형은 '명사+도+명사+이(다)+려니+와'가 줄여진 유형이다. 이는 선행된 두 명사의 중요성도 인정하지만, 후행문에 제시된 상황의 중요성도 고려되어야 함을 뜻한다.

예문 : **돈도 돈이려니와** 시간이 문제에요.
식사도 식사려니와 목욕부터 하고 싶은데요.
그 분의 **말도 말이려니와** 행동에도 문제가 있습니다.
그 분도 문제려니와 주위 환경도 문제입니다.
시간도 시간이려니와 성의가 없습니다.

Vst(으)련마는

주어가 1인칭이면 의도의 뜻이 있고, 3인칭이면 추측의 뜻이 있는데, 어떤 상태나 사건에 대해 가정적으로 표현하는 선행문에 대해, 후행문은 그 기대에 미치지 못하는 현실적 상태를 나타낸다. 줄여서 '-(으)련만'으로도 쓰인다.

예문 : 벙어리는 **아니련마는** 왜 말을 못할까?
분별력이 **있으련마는** 일을 그르치고 말았어.
여유만 있으면, 수재민을 **도울 수 있으련만**…….
다시 태어나면 후회 없이 **살 수 있으련만**, 그게 어디 가능한가요?
쉬운 일은 **할 수 있으련만**, 아무 일도 안 하려고 하는군요.

Vst(으)면

(1) 가정의 뜻이 있어서, 후행문의 동작이나 상태가 이루어지기 위한 전제조건을 나타낸다.

예문 : 가을이 **되면** 단풍이 듭니다.
돈이 **있으면** 빌려 주십시오.
비가 올 것 **같으면** 우산을 들고 나갑니다.
감기에 **걸리면** 집에서 쉬어야 해요.
수입품이라면 값이 무척 비쌀 거예요.

(2) '-(으)면'에 강조의 뜻을 가진 조사 '-야'가 붙은 것으로 선행문의 사실이 가정이나 조건으로 된 경우에는 후행문의 결과가 당연함을 뜻한다.

예문 : 안개가 낀 **날이면야** 비행기가 뜨기 힘들죠.
식사를 **했으면야** 배가 고플 리가 없죠.
연락을 **하면야** 오겠죠.
2부제가 **실시된다면야** 어느 정도의 정체는 풀리겠죠.
그 분이 사과를 **한다면야** 내 마음도 풀리겠죠.

(3) '-(으)면' 뒤에 '좋다'나 '하다' 동사를 써서 주어의 희망을 나타낸다. 어미 '-었(았, 였)'이 쓰이면 강조의 뜻이 있다.

예문 : 내일은 나가지 말고 집에 **있으면** 좋겠어요.
심심할 때는 친구들하고 놀 수 **있으면** 얼마나 좋을까요?
통일이 **되었으면** 하는 사람들이 많아요.
국민은 정부가 올바른 정치를 **하였으면** 하고 바랍니다.
앞으로 무슨 일을 **했으면** 좋겠어요?

Vst(으)면서

어떤 두 가지의 동작이나 상태가 동시에 일어나거나, 동작이 순간적으로 계속하여 일어남을 나타낸다. 선행문과 후행문의 주어가 동일해야 한다.

예문 : 밥을 **먹으면서** 재미있는 이야기를 했습니다.
그 아이는 큰 소리를 **지르면서** 울었어요.
우리는 모두 노래를 **부르면서** 산에 올라 갔습니다.
김 선생 부인은 **웃으면서** 우리를 맞아 주셨습니다.
하루 종일 **딩굴면서** 지냈단다.

Vst(으)면서(도)

선행문의 내용과 후행문의 내용이 서로 맞서거나 상반됨을 강조하는 뜻으로 쓰인다. '-도'가 생략되어도 뜻은 마찬가지이다.

예문 : 서로 **좋아하면서도** 그런 표시를 하지 않아요.
먹기 **싫으면서도** 억지로 먹고 체했대요.
아는 사람을 **만났으면서도** 모른척 했대요.
이야기를 **들으면서도** 무슨 말인지를 몰랐나봐요.
이 옷은 **가벼우면서도** 따뜻합니다.

Vst(으)며

(1) 동사가 동작동사이고 주어가 같을 때, 두 개 이상의 동작이 시간적으로 동시에 일어남을 뜻한다.

예문 : 여자 가수가 춤을 **추며** 노래를 부르고 있어요.
반은 **졸며** 공부했어요.
일평생 약을 **먹으며** 살아왔어요.
일하며 공부하기가 쉬운 일은 아니지요.
그 분은 남을 위해 **봉사하며** 한평생을 지내셨습니다.

(2) 둘 이상의 동작이나 상태를 단순히 공간적으로 나열할 때 쓰인다. 따라서 이때는 계기적이거나 완료적인 뜻이 없다.

예문 : 이 다방은 **조용하며**, 커피 맛도 좋아요.
결혼을 한다고 하니까 **좋기도 하며**, 한편 섭섭하기도 합니다.
오늘은 한때 **흐리며** 비도 오겠습니다.
장미는 **예쁘며** 향기도 좋아요.
값도 싸고 **좋으며** 색깔도 예뻐요.

* 명사와 같이 쓰인 경우는 조사로 다룬다(참조 113쪽).

Vst(으)므로

원인이나 근거를 나타낸다. 대개 서술형 종결어미가 뒤따른다.

예문 : 이 물건은 **수입품이므로** 세금이 붙습니다.
오늘은 **토요일이므로** 오전에만 근무해요.
그 아이는 워낙 혼자 있기를 **좋아하므로** 친구가 많지 않습니다.
내가 관여할 일이 **아니므로** 물어보지도 않았지요.
이 돈은 내것이 **아니므로** 주인을 찾아 돌려줘야 합니다.

Vst(으)ㅁ으로

명사형 어미 '-(으)ㅁ'에 조사 '-(으)로'가 붙은 것으로 선행문이 후행문의 원인이나 근거가 됨을 나타낸다. 곧 선행문의 내용으로 인해서 후행문의 내용이 이루어질 수 있음을 뜻한다. 때로는 '-써'가 뒤따른다.

예문 : 책을 많이 **읽음으로써** 지식을 넓힙니다.
과학적인 실험을 **함으로써** 사실을 증명할 수 있어요.
늘 조심에 조심을 **함으로써** 사고를 예방하죠.
참고 **견딤으로** 결국엔 승리할 수 있대요.
평소에 달리기를 **함으로** 건강을 유지하고 있습니다.

Vst 어(아, 여)도

가정이나 양보의 뜻을 나타내는 연결어미이다.

(1) 뒤의 '좋다, 괜찮다, 되다' 등과 결합되어 선행문의 내용을 허용하거나 상대방의 의향을 묻는 뜻이 있다.

예문 : 지금 집에 **가도** 좋습니다.
이 음식은 **먹어도** 괜찮아요?
서울역에 가려면, 이 버스를 **타도** 됩니다.
좀 **매워도** 괜찮아요?
옷이 좀 **커도** 됩니까?

(2) 선행문의 사실은 인정하지만, 후행문과는 관계가 없음을 나타낸다. 부사 '아무리'와 같이 쓰여, 뜻을 더욱 분명하게 하기도 한다.

예문 : 내일 비가 **와도** 소풍을 가겠습니다.
그 사람은 몸이 **약해도** 운동을 잘 합니다.
아무리 큰소리로 **불러도** 그 아이는 대답하지 않았어요.
아무리 돈이 **많아도** 그 부자는 행복하지 않았습니다.
배가 **고파도** 혼자 다 먹을 수는 없지요.

(3) '-어(아, 여)도'가 의문문에 쓰여 상대의 허락을 구하는 내용일 경우, 그에 대한 대답이 부정이면 '-(으)면'으로 해야 한다.

예문 : 내일 아침에 늦게 **일어나도** 됩니까?

아니오, 늦게 일어나면 안 됩니다.

소풍갈 때, 비가 **와도** 갑니까?
아니오, 비가 오면 가지 않습니다.

시험 성적이 **나빠도** 괜찮습니까?
아니오, 시험 성적이 나쁘면 안 됩니다.

Vst어(아, 여)서

(1) 선행문이 후행문의 이유나 원인이 된다. 이때 선행문의 동사에는 '-었(았, 였)'이나 '-겠'이 나타날 수 없고, 후행문의 종결어미에 명령형이나 청유형은 쓰이지 않는다.

예문 : 저는 **바빠서** 참석하지 못하겠습니다.
아이가 배가 **아파서** 울고 있습니다.
그 여자는 **부끄러워서** 얼굴이 빨개졌어요.
나는 시인이 **아니라서** 그런 것은 잘 모릅니다.
바람이 심하게 **불어서** 나무잎이 떨어졌습니다.

(2) 선행문의 동작이 후행문의 동작에 순차적으로 앞선다. 선행문의 동작이 완료된 후의 상태를 그대로 유지하면서 후행문의 동작을 행한다는 뜻이다. 그러므로 어느 정도 지속될 수 있는 동사만 올 수 있다. 이때 선행문에는 동작동사가 쓰이며, 후행문의 종결어미에는 제약이 없다.

예문 : 시장에 **가서** 여러 가지 물건을 삽니다.
철수가 책을 **사서** 동생에게 선물했습니다.
어제 김 선생을 **만나서** 재미있는 이야기를 들었어요.
이 의자에 **앉아서** 잠깐만 기다리십시오.
모두들 교실에 **들어가서** 공부합시다.

Vst어(아, 여)야

(1) 선행문의 내용이 반드시 전제되어야 후행문의 결과가 이루어짐을 나타낸다. '-이다', '아니다'는 '(이)라야'로도 많이 쓰인다.

예문 : 김 선생을 **만나야** 고향 소식을 알 수 있어요.
가을에 햇볕이 **좋아야** 벼가 잘 익어요.
수염이 석 자라도 **먹어야** 삽니다.
그 사람을 실제로 **만나 보아야** 알겠습니다.
경험이 많은 **사람이라야** 그 문제를 풀 수 있어요.

주의 : '-어(아, 여)야'에 '-만'을 붙여 '-어(아, 여)야'의 뜻을 더 강조하기도 한다.

예문 : 비행기나 배를 **타야만** 제주도에 갈 수 있어요.
학교에 **다녀야만** 교양인이 될 수 있는 건 아니지요.
돈이 **있어야만** 행세를 하는 세상이니, 원.
산에 **가야만** 호랑이를 잡을 수 있다고요?
직업을 **가져야만** 안정된 생활을 할 수 있어요.

(2) 뒤에 부정의 뜻이 있으면, 어떤 일을 한다고 해도 소용 없음을 나타낸다.

예문 : 너무 늦어서 지금 **가봐야** 김 선생을 만날 수 없을 겁니다.
이 약은 **먹어 봐야** 별 소용이 없어요.
뛰어 봐야 이미 늦은걸요.
주머니를 다 **털어 봐야** 동전밖에 없어요.
변명을 **해 봐야** 오히려 오해만 사게 될 거에요.

Vst어(아, 여)야 하다

당연히 해야 하는 의무나 반드시 필요한 조건을 나타낸다.

예문 : 학생은 열심히 **공부해야 한다.**
너도 이 약을 **먹어야 한다.**
하루에 여덟 시간은 **일해야 합니다.**
외국에 가려면 여권을 **받아야 합니다.**
사람은 마음이 **착해야 합니다.**

Vst자

뒤의 동작이 시간적으로 앞선 동작에 바로 잇달아 계속됨을 나타낸다. 때로는 '-자마자' 로도 쓰인다.

예문 : 부산에 **도착하자(마자)** 친구에게 전화하겠습니다.
배가 고파서 집에 **오자(마자)** 저녁을 먹었습니다.
그 가수가 무대에 **나타나자** 청중들이 박수를 쳤습니다.
까마귀 **날자** 배 떨어진다.
내가 집을 **사자** 집 값이 오른 거에요.

N이자

명사 다음에 '-이다' 가 붙어, 앞뒤의 명사가 서로 겸해짐을 나타낸다.

예문 : 이 사업은 나라의 **이익이자** 또 자신의 이익이 되는 거에요.
졸업은 **끝이자** 시작이란 개념을 갖고 있습니다.
가정이란 **안식처이자** 보금자리입니다.
그 분은 제 **스승이시자** 어버이 같은 분입니다.
처음이자 마지막으로 백두산에 올랐습니다.

Vst자니

'-고자 하니' 의 준말로서, 하고자 하는 의도를 설명하는 것으로 선행문의 동작을 하려고 하지만 후행문이 그것을 제약하는 조건이 된다는 뜻이다. 선행문의 동사는 동작동사로 제한된다.

예문 : **가자니** 멀고, 여관에 묵자니 돈이 없습니다.
죽자니 청춘이요, **살자니** 고생이에요.
공부하자니 싫고, **놀자니** 마음이 놓이지 않아요.
부모님께 **말씀드리자니** 야단 맞을 것 같고, 그렇다고 안 할 수도 없군요.
남 **주자니** 아깝고 내가 **먹자니** 벅차군요.

Vst었(았, 였)구나 싶자

선행문의 내용에 대해 느꼈을 때, 바로 후행문의 내용이 나타남을 뜻한다. 선행문의 사건에 대한 느낌이나 그 느낌으로 인한 행동의 변화를 후행문에 나타낸다.

예문 : 개가 **죽었구나 싶자** 몸이 떨리기 시작했어요.
앞으로 만날 수도 **없겠구나 싶자** 눈물이 앞을 가리지 않겠어요?
말을 잘못 **했구나 싶자** 그 다음 말이 생각나지 않았어요.
아무도 없이 **혼자구나 싶자** 갑자기 쓸쓸해졌어요.
내 **차례구나 싶자** 막 떨리더군요.

Vst어(아, 여) 보았자

시도의 의미를 나타내는 '-어(아, 여) 보다'에 '-자'가 연결된 형태로서 선행문의 내용을 시도해도 기대에 미치지 못함을 나타낸다.

예문 : 라면 한 그릇 **먹어 봤자** 간에 기별도 안 갈걸요.
그 사람하고 **상대해 보았자** 밑천도 못 건져요.
부탁해 보았자 들어 줄 사람도 아닌데 뭘.
운전을 **배워 보았자** 자동차도 없는데 쓸 데 없죠, 뭐.
매달 용돈 얼마 **받아 보았자** 버스 타고 차 몇 잔 마시면 다 없어져요.

Vst어(아, 여) 보았댔자

선행문의 내용에 대해 그렇게 될 거라고 가정적으로 인정한다 해도 후행문에서는 부정적인 결과가 나타남을 의미한다. 위의 '-어(아, 여) 보았자'보다 '-어(아, 여) 보았댔자'가 선행문의 내용에 대한 가정의 정도가 크다.

예문 : 월급을 인상해 달라고 **버티어 보았댔자** 소용없어요.
그 문제에 대해 **반대해 보았댔자** 듣지도 않을 거에요.
그 사람에게 **충고해 봤댔자** 입만 아파요.
뛰어 봤댔자, 그 사람을 따라갈 수는 없어.
아무리 머리를 **써 봤댔자**, 좋은 생각이 나올 것 같지 않군.

Vst지

앞의 내용을 확인하거나 강하게 긍정하면서도 뒤의 내용을 부정하여, 두 사실을 비교하는 경우에 쓴다. 때로는 후행문에 반어적인 의문형이 와서 뜻을 강조하기도 한다.

예문 : 넌 **너지** 내가 아니야.
콩 심은 데 콩 **나지** 팥이 날까?
그만하면 **됐지** 더 바랄 게 있어요?
그는 나이만 **먹었지** 하는 짓이 아직 어려요.
말만 잘 **하지** 실천에 옮기질 못해.

3. 관형사형 어미

전성어미의 하나로 동사의 어간에 붙어, 명사를 수식하는 기능을 한다. 관형사형 어미는 시제와 상을 나타내는 기능도 아울러 지니고 있으며, 동사의 종류에 따라 달리 나타난다.

〈표 20〉 관형사형 어미

구분	동작동사	상태동사	'있다'	'-이다'
현재(지속)	-는	-(으)ㄴ	-는	-ㄴ
과거(완료)	-(으)ㄴ			
미래(추측)	-(으)ㄹ	-(으)ㄹ	-을	-ㄹ
과거(회상)	-던	-던	-던	-던

AVst는

동작동사에만 나타나며, 동작이 어느 시점에서 지속적인 상태에 있음을 뜻한다.

예문 : 저기 **가는** 분이 이 선생입니다.
그 일은 어느 비 **오는** 날에 일어났습니다.
이 책이 요즘 많이 **팔리는** 것입니다.
한국말을 **배우는** 사람이 늘어갑니다.
저기 **보이는** 산이 남산입니다.

Vst(으)ㄴ

동작동사에 붙어 어느 때 이전에 끝났음을 나타내고, 상태동사나 '-이다'에 붙어 현재의 상태나 사실을 나타낸다.

예문 : 경찰이 **잃은** 물건을 찾아 주었습니다.
어제 **쓴** 편지를 우체국에 가서 부쳤어요.
그 분은 마음이 **좋은** 사람입니다.
겨울이 되면 **흰** 눈이 내립니다.
이 사람은 내 **친구인** 김영수입니다.

Vst(으)ㄹ

아직 실현되지 않은 일을 나타낸다.

예문 : 비가 오니까 **쓰고 갈** 우산을 준비해야 합니다.
그 사람은 **입을** 옷도 없고 **먹을** 밥도 없어요.
이번 주말에 여행 **갈** 계획을 세우고 있습니다.
이번 운전시험에 **붙을** 자신이 없군요.
저녁에 **먹을** 음식을 준비하겠어요.

Vst던

(1) 과거에 지속된 상태나 반복된 동작, 습관, 완료되지 않은 일에 대한 회상을 나타낸다.

예문 : 큰 소리로 **울던** 아이가 갑자기 울음을 그쳤습니다.
여기에 **살던** 사람이 어제 이사했습니다.
여름에 **푸르던** 나뭇잎이 노랗게 단풍이 들었어요.
이 음악은 내가 자주 **듣던** 것입니다.
여기 내가 **마시던** 커피 누가 가져 갔나요?

(2) '-었(았, 였)'과 결합되면 완료의 뜻이 더욱 두드러지며 경험을 나타내기도 한다.

예문 : 어제 **만났던** 사람을 오늘 또 만났어요.
며칠 전에 **갔던** 집인데 도무지 찾을 수가 없어요.
정신없이 술을 **마셨던** 적이 있어요.
예뻤던 얼굴에 이젠 주름살이 생겼어요.
3년 전에 **헤어졌던** 친구에게서 전화가 왔습니다.

4. 명사형 어미

동사와 결합하여 그 동사를 명사처럼 만들어 체언과 같은 성분으로 쓰이게 하는 어미를 말하는데, 동사의 종류에 관계없이 동작동사, 상태동사, 이다동사에 붙어서 어미 '-(으)ㅁ'과` '-기'와 결합한다. 그런데 '-기'와 '-(으)ㅁ'은 서로 다른 의미를 지니고 있으며, 그것이 나타나는 경우도 상당히 다르므로 '-기'와 '-(으)ㅁ'이 나타나는 문장의 선후관계를 잘 살펴야 한다.

1) Vst기

명사적 기능을 가졌지만, 의미상으로는 동작의 뜻이 있다. 명사형 어미 '-기'는 '-(으)ㅁ'보다 훨씬 다양하게 쓰인다. 후행하는 동사의 종류에 따라 다른 조사가 첨가되어 주어, 목적어, 부사어 등의 성분을 이루기도 하고, 다른 요소들과 혼합되어 다른 어미로 바뀌거나 관용적 표현을 이루기도 한다.

Vst기(가)

'-기' 뒤에 주격조사 '-가'가 붙어 주어의 역할을 하게 되는데, 서술어에는 '좋다, 싫다, 편하다, 불편하다, 쉽다, 어렵다, 재미있다' 등과 잘 어울린다.

예문 : 외국에서 **살기가** 재미있을 것 같다.
걷기가 매우 편해요.
외국어를 **배우기가** 쉽지 않지요?
아이들에겐 **활동하기가** 편한 옷이 제일 좋아요.
너무 매워서 **먹기가** 싫어요.

Vst기(가) 쉽다

'-기(가)' 다음에 '쉽다'가 붙으면 '아마 그럴 것이다' 정도의 개연성을 나타낸다. '-기' 앞에 '-었(았, 였)'이 올 수도 있다.

예문 : 이 선생은 지금 이 시간엔 집에 **없기가 쉬워요**.
그 분의 출국 일자는 **연기되기가 쉽습니다**.
그는 오래 집을 떠나 있어서 그 사실을 **모르고 있기가 쉽습니다**.
지금쯤 그들은 신혼여행을 **떠났기 쉬워**.
가 본지가 오래 되어서 길을 잃어 **버렸기** 쉬워요.

'-기'는 다른 조사와도 쉽게 어울려 쓰이며 문장에서 주어 외에 목적어, 부사가 되기도 한다.

예문 : 감기가 빨리 **낫기를** 바랍니다.
그 분이 착한 **사람이기를** 바랬습니다.
일하기를 좋아하는 사람도 많아요.
오늘은 **소풍가기에는** 적당하지 않군요.
듣기에 좋은 말이 반드시 옳은 말은 아니죠.

Vst기는

대조의 뜻이 있는 보조사 '-는'과 결합된 형태이며, 뒤에 '하다'를 붙여 '-기는 하다'가 되거나, 같은 동사가 반복되어 선행문의 내용을 시인하는 경우에 쓴다.

예문 : 그 분을 **만나기는 하겠습니다**.
한국에 **오기는** 16년 전에 **왔지만**, 한국말은 아직도 잘 모릅니다.
질이 **좋긴 하지만** 너무 비싼데요.
열심히 **하기는 했지만** 성과가 없습니다.
소화가 될지 모르겠어요. **먹기는 먹겠지만**.

Vst기는 커녕

'-커녕'과 어울려 후행문의 내용을 두드러지게 하기 위해 선행문을 강하게 부정하는 뜻으로 쓰인다.

예문 : 주말에 **쉬기는 커녕** 밥 먹을 틈도 없이 일했어요.
돈을 **벌기는 커녕** 있는 돈까지 다 써 버렸어요.
날씨가 **좋기는 커녕** 천둥까지 쳤어요.
병이 **낫기는 커녕** 더 심해졌대요.
그 남자를 **좋아하기는 커녕** 만나 주지도 않는답니다.

Vst기는(요)

문장을 종결시키면서 상대방의 칭찬에 겸양의 뜻을 표하며, 상대방의 의견에 동의할 수 없다는 의사를 표시할 때 쓰인다. 뒤에 '요'가 붙어 높임을 나타낸다.

예문 : 기억력이 좋으신데요?
좋기는요. 저도 자주 잊어 버려요.

시장 물건이 싸지요?
싸기는요. 백화점 물건값과 비슷해요.

그 사람 일 잘하고 있지요?
잘하기는요. 옆사람과 잡담만 하고 있던데요.

김 선생은 떠났습니까?
떠나기는요. 이제야 떠날 준비를 하고 있어요.

점심을 드셨어요?
먹기는요. 아직 30분은 더 기다려야 해요.

Vst기도

'역시'의 뜻이 있는 '-도'가 붙어 쓰이며, 뒤에 '하다'가 온다.

예문 : 그 물건은 **비싸기도 하지만 귀하기도 해**.
그 분의 말이 **그럴듯하기도 해요**.

그는 돈을 **벌기도 잘하고 쓰기도 잘합니다.**
그 영화는 사람을 **웃기기도 하고 울리기도 했습니다.**
과자를 만들어 **먹기도 하고** 사서 **먹기도 해요.**

Vst기만

명사형 어미 '-기'에 '단독'이나 '배타'의 의미가 있는 보조사 '-만'과 결합된 형태로 뒤에 '하다'가 붙거나 같은 동사가 반복되기도 한다.

예문 : 그 분은 날 **보기만 하면** 영화를 보자고 졸라요.
술을 **마시기만 하면** 싸워요.
그가 일을 **시작하기만 한다면** 제가 돕겠어요.
그 놈은 **놀기만 하지**, 도무지 책상 앞에 앉지 않아요.
아주머니는 **듣기만 하실 뿐**, 아무 대답이 없으십니다.

Vst기에

명사형 어미 '-기'에 부사격 조사 '-에'가 붙어 부사어가 되어 후행문의 판단 기준이 되거나, 선행문이 후행문에 대한 원인 또는 이유가 된다. 원인이나 이유의 뜻일 경우에는 하나의 어미처럼 쓰인다. 구어체로는 '-길래'로 쓰기도 한다. 후행절에는 명령형과 청유형을 쓰지 않는다(참조 225쪽).

예문 : 일을 **하기에** 바빠, 누가 들어오는지도 몰랐어요.
아직 **결혼하기에는** 이른 나이다.
혼자 **먹기에는** 너무 많군요.
친구가 **앓고 있기에** 병문안을 갔다 왔어요.
친구가 취직을 **하고 싶어하길래** 알아봐 주었지요.

Vst(ㄴ/는)다기에

'(-ㄴ/는)다고 하기에'를 줄인 것이다. 이때 '-기에'는 선행문이 후행문에 대한 원인이나 이유를 나타낸다. 명사와 어울릴 경우에는 'N(이)라기에'로 쓰인다.

예문 : 좋은 **사람이라기에** 만나 보았을 뿐입니다.
그 친구가 내일 여행을 **떠나자기에** 그러기로 약속했습니다.
동생이 이사 **간다기에** 도우러 왔습니다.
한국에 왜 **왔냐기에** 공부하러 왔다고 했습니다.
사업에 **투자해 보라기에** 했더니 결과가 괜찮더군요.

Vst기로

명사형 어미 '-기'에 부사격 조사 '-로'가 붙은 것으로 뒤에 '하다, 정하다, 작정하다, 결심하다, 마음 먹다' 등의 동사와 같이 쓰여 결과적으로 선택된 사실을 말할 때 쓴다.

예문 : 신혼 여행을 제주도로 **가기로 했습니다**.
거짓말은 **하지 않기로** 마음 먹었어요.
술 담배는 **끊기로 결심했습니다**.
오늘부터 규칙적인 생활을 **하기로 작정했어**.
늘 성실하게 **살기로 결심했어요**.

Vst기란

'기'가 명사로 굳어진 경우로 '-라고 하는 것은'의 준말 '-란'과 어울어진 말이다. 후행문에서 기술하려고 하는 내용의 주제나 대상을 선행문에 제시한다. 선행동사는 동작동사와 결합되며 후행문은 대체로 부정적인 내용이 온다.

예문 : 새로운 일을 **시작하기란** 여간 어렵지 않아요.
상대방의 입장에 서서 **생각하기란** 그리 쉬운 일이 아니에요.
일류 대학에 **입학하기란** 하늘의 별 따기처럼 힘들어요.
늘 기계적인 생활을 **하기란** 상당히 피곤한 일입니다.

혼자서 **살기란** 여간 힘든 일이 아니다.

Vst기야

명사형 어미 '-기'에 강세의 뜻이 있는 조사 '-야'가 붙어 동사의 뜻을 강조하며, 후행문은 선행동사의 반복이거나 '하다' 동사가 온다. 선행문의 내용을 강하게 인정하나 후행문에는 선행문과 상반되는 내용이 따른다.

예문 : 이 물건이 **좋기야 하지만**, 값이 좀 비싸군요.
이 수학문제를 **배우기야 배웠지만**, 잊어 버렸어요.
이 방이 **넓기야 하지만**, 식구에 비해 작은 편이죠.
전 직원이 제시간에 출근을 **하기야 합니다**.
내용을 **알기야 알지만**, 남에게 알리고 싶지 않습니다.

Vst길래

선행문의 내용이 후행문의 내용의 근거나 이유가 됨을 뜻한다. 구어체로 많이 쓰이며 후행문의 주어는 대개 1인칭이다. '-기에'로도 쓰일 수 있다 (참조 223쪽).

예문 : 그 사람이 주소를 **묻길래** 가르쳐 주었습니다.
다리가 **아프길래** 쉬었다가 올라갔습니다.
그 사람이 손을 **흔들길래** 나도 흔들었을 뿐이야.
이 편지가 책상 위에 **있길래** 생각없이 펴 보았어요.
그 학생이 책 살 돈이 **없다길래** 도와주었어.

Vst기로서니

선행문에 설명된 사실이나 상황을 이해하면서도 납득할 수 없는 부분을 좀 더 구체화하여 후행문에서 밝히는 경우에 쓴다. 때로는 '-기로'만으로도 쓰인다.

예문 : 달빛이 **밝기로서니** 햇빛만큼 밝지는 못하다.
네가 아무리 그를 **좋아한다기로서니** 나보다 좋아하진 않을 거야.
아무리 **바쁘기로서니** 전화할 시간이 없단 말입니까?
돈이 **없기로** 남의 물건을 어찌 훔친담.
아무리 기분이 **안 좋기로서니** 남을 때려요?

(1) 'Vst기 N(이/가) 없다'의 구성

주로 상태동사의 내용이 대단하거나 심함을 나타내는데, 이때 후행문의 명사에 따라 뜻이 조금씩 달라질 수 있다.

Vst기 그지없다

앞의 상태동사의 내용이 끝이 없다는 뜻이며 대체로 부정적인 의미로 쓰인다.

예문 : 홀로 살고 있는 노인이 **불쌍하기 그지없어요.**
타향에서의 생활은 **외롭기 그지없어요.**
설악의 설경은 **아름답기 그지없다고**들 합니다.
인간의 마음이란 **간사하기 그지없습니다.**
학생이 학교 다니기를 싫어하니 **한심하기 그지없구나.**

Vst기 짝이 없다

앞의 상태동사의 내용이 다른 것과 비교할 수 없음을 나타낸다.

예문 : 그 분의 생각은 **답답하기 짝이 없습니다.**
저 때문에 일이 안 되어서 **부끄럽기 짝이 없습니다.**
그는 **싱겁기 짝이 없는** 사람입니다.
할 말을 못해서 **분하기 짝이 없어요.**
그 골목은 **더럽기 짝이 없더군.**

Vst기 한이 없다

'한이 없다'란 '끝이 없다'는 뜻으로, 선행하는 상태동사의 내용 정도가 무한함을 강조한다.

예문 : 오랜만에 다시 만나게 되어 **기쁘기 한이 없어요**.
그 책은 **어렵기 한이 없다고**들 합니다.
이 가방에 무엇이 들었는지 **무겁기 한이 없군요**.
그 분의 갑작스런 죽음은 **슬프기 한이 없습니다**.
형제간의 싸움은 **부끄럽기 한이 없**는 일이에요.

(2) 'Vst기 N이다'의 구성

Vst기(가) 일쑤(이)다

'자주 그렇게 습관적으로 한다' 또는 '그렇게 하는 횟수가 아주 많다'의 뜻으로 대부분의 경우 별로 바람직하지 못한 동작이 자주 되풀이되어 일어날 때 쓰인다.

예문 : 어린 아이들은 걷다가 **넘어지기가 일쑤다**.
비가 오다 그치면 버스에 우산을 두고 **내리기가 일쑤입니다**.
그는 공부한다고 책상에 앉으면, **졸기가 일쑤에요**.
술에 취하면 **다투기가 일쑤입니다**.
점심때는 찬밥 **먹기가 일쑤지**.

Vst기 마련이다

'그렇게 하는 것이 당연하다'의 뜻을 나타낸다. 혹은 '-게 마련이다'란 말로도 쓸 수 있으며, 주로 인위적이 아닌 자연적인 결과를 말할 때 쓰인다.

예문 : 사람은 누구나 **죽기 마련입니다**.
나쁜 짓을 하면 벌을 **받기 마련이지요**.

가을이 되면 단풍이 **들기 마련이야.**
게으르면 **가난하게 마련이에요.**
자주 만나면 사이가 **가까워지게 마련입니다.**

(3) 명사로 굳어진 경우

동작동사, 상태동사와 결합하여 완전히 명사의 기능을 하는 경우이다. 대개, 동작성이 있는 동사에 많이 나타나지만, 예외도 있다.

예문 : **쓰기**는 쉬운데 **말하기는** 어려운 편이지요.
김유신은 어렸을 때부터 **말타기와 활쏘기**를 배웠습니다.
씨름의 기술 중에는 **들어메치기**라는 것이 있어요.
그 사람의 성공은 많은 사람들의 **본보기가** 되었습니다.
이번 **내기**에 져서 점심을 사게 되었어요.

(4) 속담이나 격언의 경우

옛부터 전해오는 속담이나 격언인 문장, 또는 공공표어를 '-기'로 끝맺는 경우가 있다.

예문 : 누워서 **떡먹기.**
쇠 귀에 **경읽기.**
엎드려 **절받기.**
교통질서 **지키기.**
땅 짚고 **헤엄치기.**

(5) 관용적으로 쓰이는 경우

Vst기 전에

앞의 동작보다 뒤의 동작이 먼저 이루어지는 경우에 쓴다.

예문 : 김 선생이 **오기 전에** 일을 끝내야겠어요.
식사를 **하기 전에** 기도합니다.
열매를 **맺기 전에** 꽃이 핍니다.
결혼하기 전에 몇 년간 교제를 했습니까?
말을 **하기 전에** 생각을 많이 했습니다.

Vst기 때문에

동작동사, 상태동사, 이다동사와 결합한 형태로 앞선 동작의 이유(또는 원인)로 뒤의 동작이 이루어짐을 나타낸다.

예문 : 머리가 **아프기 때문에** 좀 쉬어야겠어요.
아침을 너무 많이 **먹었기 때문에** 점심은 먹고 싶지 않아요.
그 사람은 **외국인이기 때문에** 한국말이 서투릅니다.
돈이 **모자랐기 때문에** 값을 깎아야 했습니다.
그 사람은 범인이 **아니기 때문에** 벌을 받지 않았어요.

Vst기 위해서/위하여

동작동사에 붙어 쓰이며, 앞선 동작을 이루려는 목적으로 뒤의 동작을 행함을 뜻한다.

예문 : **공부하기 위해서** 학교에 다닙니다.
먹기 위해 삽니까, **살기 위해** 먹습니까?
미국에 유학 **가기 위해서** 영어를 배우고 있습니다.
건강해지기 위해서 매일 아침 운동을 합니다.
기분 **전환하기 위해서** 술을 한잔합시다.

2) Vst(으)ㅁ

'-기'가 일반화되었거나 기대되는 사실에 대한 동작이나 상태를 표현한다면, '-(으)ㅁ'은 동작이 이미 결정되었거나 구체화되어 현장에 이미 존재함을 뜻한다. '-(으)ㅁ'도 조사와 결합하여, 주어, 목적어, 부사어 등이 될 수 있으나 '-기' 만큼 많이 쓰이지는 않고, '-(으)ㄴ 것'의 구성으로 대치되는 경우가 많다.

Vst(으)ㅁ이

동사의 어간에 주격조사 '-이'가 붙어 주어의 기능을 하는데, 대개 '분명하다, 당연하다, 이상하다, 옳다, 확실하다' 등의 평가적 의미가 있는 동사와 어울린다.

예문 : 그가 외국으로 **떠났음이** 분명해요.
죄인이 벌을 **받음은** 당연합니다.
약속을 지키지 **않음은** 옳지 못한 일이지요.
그가 집에 **없음은** 확실합니다.
그 사람이 아직도 **살아 있음이** 사실이군요.

Vst(으)ㅁ을

목적격 조사 '-을'이 붙어 목적어 구실을 하는데, 대개 '알다, 모르다, 발표하다, 지적하다, 깨닫다, 주장하다, 전하다, 확실하다' 등의 동사와 잘 어울린다.

예문 : 그 범인은 죄가 **없음을** 주장했습니다.
그는 사람들이 자기를 **미워함을** 잘 알고 있었지요.
그 회사에서 새로운 상품이 **개발되었음을** 발표했습니다.
김 선생은 한국말 발음이 **어려움을** 여러 번 지적하였어요.
그는 그 사실이 자기 **잘못임을** 깨닫지 못해요.

Vst(으)ㅁ에

부사격 조사 '-에'가 붙은 형식으로 뒤에 '반하여, 대하여, -도 불구하고' 등이 같이 나타난다.

예문 : 열심히 **노력했음에 반하여** 결과는 좋지 않았어.
그가 성실한 **사람임에는** 틀림없다.
오늘의 아픔도 세월이 **지남에** 따라 잊을 수 있으리라.
성적이 **부진함에 대하여** 무슨 변명이 그리 많나?
그 아이는 여러 번 충고를 **받았음에도 불구하고** 또 거짓말을 했어요.

(1) 문장의 종결어미로 쓰이는 경우

'-(으)ㅁ'이 종결어미로도 쓰여 어떤 내용을 여러 사람에게 알리는 뜻이 있다. 사실이나 정보를 알리는 서술문 '-ㅂ니다'의 구실을 한다.

예문 : 이곳에는 **들어갈 수 없음**. (공고문)
그 사건은 사실이 아님을 **공고함**. (게시문)
오늘은 할머니 댁에 **갔음**. (일기문)
성적이 우수하여 상장을 **수여함**. (상장)
김영수 **올림**. (편지)

(2) 명사로 굳어진 경우

때로는 동사어간과 결합하여 완전히 명사로 바뀌는 경우도 있다.

걷다	→	걸음	자다	→	잠	울다	→	울음
웃다	→	웃음	기쁘다	→	기쁨	슬프다	→	슬픔
아프다	→	아픔	즐겁다	→	즐거움	죽다	→	죽음
추다	→	춤	얼다	→	얼음	믿다	→	믿음

예문 : 너무 오랜만에 만나서 **기쁨을** 감추지 못했습니다.

우린 다른 사람의 **기쁨이나 슬픔을** 잘 모르면서 살아갑니다.
어젯밤 **꿈** 속에서 어머니를 보았지요.
즐거움을 느끼며 일을 하고 있습니다.
아마 사람들은 모두 **죽음을** 두려워할 겁니다.

제14장

보조용언

보조용언은 본래의 의미가 변하거나 약해져서 단독으로 동사의 기능을 발휘하지 못하고 본용언 뒤에 붙어 보조해 주는 동사를 말한다. 보조용언은 본용언 뒤에 특정한 보조적 연결어미가 붙은 다음 그 뒤에 연결된다. 보조용언은 다음과 같이 분류할 수 있다.

〈표 21〉 보조용언

분 류	형 태
진행의 보조용언	가다, 오다, 있다, 들다
종결의 보조용언	내다, 나다, 버리다, 말다, 빠지다, 치우다
봉사의 보조용언	주다, 드리다
시도의 보조용언	보다
반복의 보조용언	대다
보유의 보조용언	놓다, 두다, 가지다
희망의 보조용언	싶다
상태의 보조용언	있다, 지다
부정의 보조용언	말다, 않다, 아니하다
불능의 보조용언	못하다
'하다' 류의 보조용언	-게 하다, -어(아, 여)야 하다, -기는 하다, -(으)ㄴ/체하다, -(으)ㄴ/는 양하다, -(으)ㄴ/는 척하다, -(으)ㄹ 듯하다, -(으)ㄹ 뻔하다, -(으)ㄹ 만하다, -곤 하다, -는가 하다, -(으)까 하다

1. 진행의 보조용언

Vst어(아, 여) 가다/오다

연결어미 '어(아, 여)'와 보조동사 '가다/오다'가 결합한 형태로 주로 동작동사와 결합한다. '가다/오다'는 본래 장소의 이동을 나타내는 동사인데, 보조용언으로 쓰이면 동작의 상태를 유지함을 표시한다. 또 화자를 기준으로 하여 화자를 향하는 동작에는 '-어(아, 여) 오다'가 쓰이고, 화자에게서 벗어나는 동작에는 '-어(아, 여) 가다'가 쓰인다.

예문 : 그 일이 잘 **되어 간다**.
힘들지만, 열심히 **살아갑니다**.
저는 그 할머니를 어머니처럼 **모셔 왔어요**.
앞으로는 혼자의 힘으로 **살아갈 겁니다**.
나이를 먹으면 누구나 **늙어갑니다**.

다음은 위와 같은 구성의 문장이지만, 두 개의 동사가 대등하게 이어진 것으로 본용언과 보조용언의 구성이 아니다.

예문 : 바빠서 숙제를 **해 오지 못했어요**.
음료수 좀 **사 갈까요**?
이 대화는 다 **외워 오세요**.
땅에 떨어진 신문 좀 **집어 오세요**.
옆집 아주머니가 떡을 **해 왔습니다**.

Vst고 있다

진행을 나타내며 본동사는 동작동사로 제약된다. 주체를 높일 때에는 '-고 계시다'로 쓰인다(참조 138쪽).

예문 : 지금 무엇을 **하고 계십니까**?
누구를 **기다리고 있군요**.

저는 그 시간에 잠을 **자고 있었어요.**
일을 **하고 있을 때가** 가장 행복해요.
내가 말할 때 뭘 **생각하고 있었어?**

Vst(으)러 가다/오다

목적을 나타내는 연결어미 '-(으)러'에 이동의 뜻을 지닌 '-가다/-오다'의 동사가 연결되어 이동의 의도나 목적을 나타낸다. 동작동사와만 쓸 수 있다.

예문 : 그 사람은 도서관에 책을 **빌리러 갔다.**
너 여기에 누구 **만나러 왔니?**
아침에는 **일하러 가는 사람들로** 지하철이 만원이에요.
그 학생은 학교에 **공부하러 온 게** 아니에요.
나는 점심을 **먹으러** 식당에 **가다가** 친구를 만났습니다.

2. 종결의 보조용언

본동사의 동작이 완료되었음을 나타낸다. 쓰임에 따라 다른 양태적 의미가 더해지기도 한다.

Vst어(아, 여) 내다

연결어미 '-어(아, 여)'와 보조동사 '-내다'가 결합된 형태로서 동작동사와 어울린다. '어려워도 그 동작을 끝까지 한다'는 주관적 의미를 더해 준다.

예문 : 철수는 그 책을 끝까지 **읽어 냈어요.**
경찰이 그 물건을 **찾아 냈습니다.**
그 사람은 결국 그 일을 **해 냈어요.**
그 회사가 좋은 물건을 **만들어 냈어요?**

그 범인이 어디로 도망갔는지 꼭 **알아 내고 말 거에요.**

Vst고 나다

연결어미 '-고'에 '결말이 나다, 끝장이 나다'의 뜻을 가진 보조동사 '-나다'가 결합된 것이다. 본동사의 동작이 끝났음을 나타내는데, 본동사는 동작동사로 제약되며, 대개 뒤에 연결어미 '-어(아, 여)서, -(으)니까, -(으)면'이 붙어 '-고 나서, -고 나니까, -고 나면'으로 사용된다.

예문 : 지금 막 청소를 **끝내고 나서** 쉬고 있었어요.
부모님과 **의논하고 나서** 결정할 거에요.
소리를 치고 나면 좀 시원할 것 같아요.
그 약을 **먹고 나니까** 아픔이 좀 멎는 것 같아요.
하고 싶었던 **말을 하고 났는데도** 화가 풀리지 않아요.

Vst어(아, 여) 버리다

연결어미 '-어(아, 여)'에 보조동사 '-버리다'가 결합된 형태이다.

(1) 본동사의 동작이 완료되어 더 이상의 여지가 없음을 나타내며, 동작동사로 제약된다.

예문 : 오늘 지하철에서 지갑을 **잃어 버렸어요.**
이 서류는 불에 **태워 버리겠습니다.**
그 종이를 다 **써 버리고** 또 달라고 합니다.
돈을 다 **써 버리기 전에** 은행에 갖다 넣으세요.
내가 할 말을 그가 다 **해 버려**서 속이 시원해요.

(2) 한 동작이 끝났으므로 화자가 느끼던 부담이 없어졌음을 나타내기도 하며 기대의 어긋남에서 오는 섭섭함을 나타낸다.

예문 : 어제 숙제를 다 **끝내 버렸어요.**

그 사람과 이제 **헤어져 버렸어요.**
어제 원고를 다 **써 버렸습니다.**
그 친구가 다른 곳으로 **이사가 버렸습니다.**
무더운 여름이 **지나가 버렸습니다.**

Vst고 말다

연결어미 '-고'에 보조동사 '말다'가 결합된 형태로서 어떤 동작이 완료되었음을 뜻하는데, 화자에게 그 일을 하고 싶은 의지가 없었던 경우나 이루어진 결과에 대해 아쉬워하는 경우에 쓰인다. 그러나 '-고야 말다'는 강한 의지를 나타낸다.

예문 : 너무 슬퍼서 **울고 말았습니다.**
동생이 그 병을 **깨고 말았어요.**
제가 그 일을 마침내 **하고야 말겠습니다.**
그녀는 화가 나서 밖으로 **나가 버리고 말았어요.**
나쁜 기억은 모두 **잊고 마세요.**

Vst어(아, 여) 빠지다

본동사로는 대개 상태동사가 많이 쓰이는데, 그 상태가 악화된 것을 더욱 강조한다. 본동사는 주로 부정적인 의미를 지니고 있는 것이 쓰인다.

예문 : 그 기계는 **낡아 빠졌어요.**
그 아이는 **게을러 빠져서** 성공하기는 글렀어요.
그런 **썩어 빠진** 생각으로는 이 세상을 살아 가기가 어렵겠지요.
시어 빠진 김치는 김치 찌개를 해도 맛이 없습니다.
너무 **말라 빠져서** 보기가 흉해요.

Vst어(아, 여) 치우다

연결어미 '-어(아, 여)'에 보조동사 '치우다'가 결합된 형태이다. 본동사의 동작 내용에 '남김없이 모두'라는 뜻을 더해 준다. 이때 본동사는 '하다, 먹다, 팔다' 등의 몇몇 동작동사로 제약된다.

예문 : 쓸 데 없는 책들은 다 **팔아 치우세요**.
아주머니께서 그 많은 빨래를 단숨에 **해 치웠습니다**.
그 남자는 노름에 빠져서 집까지 **팔아 치웠대요**.
불고기 2인분 **먹어 치우는 건** 식은 죽 먹기죠.
눈 깜짝할 사이에 **일을 해치우고** 쉬고 있어요.

3. 봉사의 보조용언

Vst어(아, 여) 주다/드리다

연결어미 '-어(아, 여)'에 보조동사 '주다/드리다'가 결합된 형태이다. 주로 동작동사와 어울려 쓰이며 봉사의 뜻을 더해 준다. '드리다'는 '주다'의 높임말이다(참조 150쪽).

예문 : 철수는 동생의 숙제를 **도와 주었습니다**.
현대 과학은 우리 생활을 편리하게 **해 주었습니다**.
김 선생님은 우리에게 노래를 **가르쳐 주십니다**.
저는 어제 집에서 어머니를 **도와 드렸어요**.
바쁘실텐데 **와 주셔서** 고맙습니다.

Vst어(아, 여) 드릴까요?/Vst어(아, 여) 주십시오

주체의 봉사적 행동에 대하여 객체에게 허락이나 허가를 구하고자 할 때 '-어(아, 여)드릴까요?'로 물으며, 이에 대한 긍정적 대답은 보통 '-어(아, 여) 주십시오'가 된다.

예문 : 가) 수학을 **가르쳐 드릴까요**?
나) 예, **가르쳐 주십시오**.

가) 제가 길을 **안내해 드릴까요**?
나) 예, 그렇게 **해 주십시오**.

가) 이 책을 **빌려 드릴까요**?
나) 예, **빌려 주십시오**.

Vst어(아, 여) 주시겠습니까?/Vst어(아, 여) 드리겠습니다

객체에게 어떤 행동을 하기를 요청하거나 기대할 때에는 '-어(아, 여) 주시겠습니까?'로 상대방의 의향을 묻고, 이 물음에 대한 긍정적인 존대형 대답은 '-어(아, 여)드리겠습니다'이다. 따라서 '-어(아, 여) 주시겠습니까?'는 존대의 명령형 '-(으)십시오'보다 더욱 공손한 명령 표현이다.

예문 : 가) 이것을 **설명해 주시겠습니까**?
나) 예, **설명해 드리겠습니다**.

가) 그 친구에게 내 안부 좀 **전해 주시겠습니까**?
나) 예, 만나면 **전해 드리죠**.

가) 저 대신 회의에 **참석해 주시겠습니까**?
나) 아니오, 그렇게 **해 드릴 수 없습니다**.

4. 시도의 보조용언

Vst어(아, 여) 보다

연결어미 '-어(아, 여)'에 보조동사 '보다'가 결합된 형태이다. 본동사의 동작에 대하여 한번 시도해 봄을 나타내거나, 경험, 지각, 깨달음 등을 나타낸다.

예문 : 이 문제를 잘 **생각해 보세요.**
그 사람의 말을 **들어 봅시다.**
설악산에 **올라가 보셨습니까?**
전 고생을 많이 **해 보았어요.**
하라고 하시면 이 일을 제가 **맡아 보겠습니다.**

Vst어(아, 여) 볼까요?

연결어미 '-어(아, 여)'에 보조동사 '보다'의 종결어미 '-(으)ㄹ까(요)'가 결합된 형태이다. 1인칭 단수 또는 복수를 주어로 하여 동작에 대한 상대방의 동의나 허락을 요청하는 의문문이다. 이에 대한 긍정의 대답은 '예, -어(아, 여) 보십시오'와 '예, -(으)ㅂ시다'가 보통이다.

예문 : 제가 이 노래를 한번 불러 볼까요?
예, **불러 보십시오.**

무대에 **나가 볼까요?**
예, **나가 보십시오.** 잘 하실 겁니다.

우리 미식축구를 **해 볼까요?**
예, **그럽시다.**

이번에는 항공편으로 **보내 볼까요?**
예, **그럽시다.**

그 사람에게 이 일을 **시켜 볼까요?**
예, **시켜 봅시다.**

Vst어(아, 여) 본 일이 있다/없다

이것은 '-어(아, 여) 보다'에 과거 경험의 유무를 나타내는 '-(으)ㄴ 일이 있다/없다'가 붙은 형태로 시도나 경험 여부를 뜻한다(참조 56쪽).

예문 : 동남아에 **가 본 일이 있습니다.**
회사를 **경영해 본 일이 있습니까?**
어려움을 **겪어 본 일이 없어요.**
추첨에 **당첨돼 본 일이 없대요.**
그를 **만나 본 일은 없지만** 말은 많이 들었지요.

5. 반복의 보조용언

연결어미 '-어(아, 여)'에 보조동사 '대다'가 결합되어, 일부 동작을 반복적으로 계속하여 정도가 지나치다는 뜻을 나타낸다.

Vst어(아, 여) 대다

예문 : 강아지가 계속 **짖어대는군.**
그 사람은 괜히 **웃어 댑니다.**
아이가 계속해서 **울어 대는데** 어디가 아픈가?
며칠 동안 책을 **읽어 댔더니** 눈이 아파요.
며칠 굶었는지 계속 **먹어 대네요.**

Vst곤 하다

과거에 같은 동작이 여러 차례 일어났거나 규칙적으로 반복되었음을 나타낸다. 동작동사와 어울려 쓰인다.

예문 : 김 선생님을 만나면 커피숍에 **가곤 했습니다.**
아프면, 이 약방에서 약을 **사먹곤 했어요.**
수업이 끝나면 도서관에 **가곤 합니다.**
기회가 있을 때마다 그 친구를 **만나곤 했어요.**
전에는 감기에 걸리면 그냥 **쉬곤 했었는데**…….

6. 보유의 보조용언

Vst어(아, 여) 놓다

연결어미 '-어(아, 여)'에 보조동사 '놓다'가 결합된 형태이다. 본동사의 동작이 완료되어 그 상태가 그대로 보존되고 있음을 나타낸다. 이것은 동작동사로 제약된다.

예문 : 책을 책꽂이에 **꽂아 놓았습니다.**
그 사람이 연락처를 **적어 놓았습니까?**
나는 부산에 여행갈 계획을 **세워 놓았어요.**
부모님 말씀을 마음에 **새겨 놓으세요.**
그 사람이 피아노를 곧 **고쳐 놓을 거예요.**

Vst어(아, 여) 두다

연결어미 '-어(아, 여)'에 보조동사 '두다'가 결합된 형태이다. 새로운 상태로 변하지 않고 현재의 그 상태를 그대로 보존시킨다는 뜻을 나타낸다. 타동사와 결합한다.

예문 : 이 나무를 옮기지 말고 그대로 **심어 두세요.**
이 책은 책상에 **놓아 두세요.**
제 말을 잘 **기억해 두십시오.**
버릇 나쁜 아이를 그냥 **내버려 두어도** 될까요?
이런 것을 **알아 두면** 좋습니다.

Vst어(아, 여) 가지다

연결어미 '-어(아, 여)'에 보조동사 '가지다'가 결합된 형태이다. 동작에 대한 보유의 뜻이 강하여, 문장 종결어미와는 쓰이지 않고 주로 연결어미 '-고'와 결합하여 '-어(아, 여) 가지고'로 사용한다. 앞 동작을 끝내고 그 상태를 유지하여 뒤의 동작으로 이어간다는 뜻이다. 따라서 동작이 시간적 순서로 이어짐을 나타내거나, 선행문이 후행문의 이유나 원인을 나타내기도 한다.

예문 : 집에서 숙제를 **해 가지고** 오세요.
집을 **지어 가지고** 팔았어요.
한국어를 **배워 가지고** 좋은 자리에 취직할 거예요.
너무 **놀라 가지고** 그 자리에서 기절하고 말았어요.
뜻밖에 일등을 **해 가지고** 엄청 기뻤어요.

7. 희망의 보조용언

본동사의 행동이나 상태에 대하여 화자나 주체가 그렇게 되길 바란다는 뜻이 있다. 그리고 본동사에 붙은 어미에 따라 뜻이 달라질 수 있다.

Vst고 싶다

연결어미 '-고'에 보조동사 '싶다'가 결합된 형태로서 희망을 나타낸다. 서술문에서는 1인칭, 의문문에서는 2인칭이 주어가 된다.

예문 : 요즘 나는 그림을 **그리고 싶어요.**
지금 추워서 밖에 **나가고 싶지 않습니다.**
가을이 되면, 설악산에 단풍구경을 **가고 싶어요.**
커피 **마시고 싶지 않니**?
지금도 그 사람을 **만나고 싶습니까**?

Vst고 싶어하다

3인칭 주어에는 '-고 싶어하다'를 쓴다.

예문 : 철수는 김 선생님을 **만나고 싶어합니다.**

제 친구가 영화를 **보고 싶어합니다.**
요즘 아이들이 책을 **읽고 싶어하지 않아요.**
학생들이 일찍 집에 **가고 싶어합니다.**
동생은 고향에 계신 어머님을 무척 **보고 싶어합니다.**

Vst었(았, 였)으면 싶다

완료형시제 '-었(았, 였)'에 연결어미 '-(으)면'과 보조동사 '싶다'가 결합된 형태이다. 선행문이 나타내는 사실 전체에 대한 화자의 내면적인 강한 욕구와 희망을 나타낸다. '-었(았, 었)으면 좋겠다'와 같은 뜻이다.

예문 : 오늘은 학교에 **가지 않았으면 싶어요.**
때론 **여행갔으면 싶을** 때가 있어요.
이제 비가 그만 **왔으면 싶다.**
그 사람을 만날 수 **있었으면 싶습니다.**
그런 나쁜 일은 빨리 **잊어 버렸으면 싶어.**

Vst나 싶다

동작동사, 상태동사에 보조동사에 '-나 싶다'가 결합된 형태로서 확인되지 않은 사실에 대한 추정을 나타낸다.

예문 : 손님들이 **오나 싶어서** 밖에 나가 봤어요.
하나를 보면 전체를 **알 수 있지 않나 싶어요.**
내가 **언제 그랬나 싶었습니다.**
철수가 벌써 **그렇게 컸나 싶었어요.**
대구에 **도착했나 싶어서** 차창 밖을 내다 보았습니다.

'싶다'는 여러 어미 '-나, -(으)ㄹ까, -(으)ㄹ 성, -구나, -지' 등과 결합되어 화자의 추측이나 사실에 대한 판단의 뜻을 나타낸다.

예문 : 음식이 맛이 **있나 싶어** 먹어 보았습니다.

오늘은 친구한테서 전화가 **오지 싶어요.**
그 사람이 화를 낼 **성싶어서** 그 말을 하지 않았어요.
그런 예쁜 여자도 **있구나 싶었다.**
아마 그 친구는 학교에 **갔지 싶어요.**

8. 상태의 보조용언

Vst어(아, 여) 있다

연결어미 '-어(아, 여)'에 동사 '있다'가 결합된 형태로서 이미 이루어진 선행동사의 동작상태가 계속하여 존재하거나 지속됨을 나타낸다. 이것은 동작동사와 어울리는데 동작동사 중에서도 주로 자동사에 붙는다.

예문 : 할머니는 아직 **살아 계십니다.**
그 사람이 문 앞에 **서 있었어요.**
봉투에 주소가 **적혀 있군요.**
벽에 그림이 **걸려 있습니다.**
책상에 책이 **놓여 있습니다.**

Vst어(아, 여) 지다

연결어미 '-어(아, 여)'에 보조동사 '지다'가 결합된 형태이다. 대개 상태를 나타내는 상태동사에 붙어서 상태가 점점 더해감을 나타내며 이때 동작자동사로 바뀐다. 일부 동작동사에 붙으면 피동의 뜻이 나타나기도 하고(참조 251~252쪽), 어떤 경우에는 앞에 있는 동작동사의 기본 형태가 드러나지도 않아 완전히 하나의 단어로 굳어진 것도 있다.

(1) 상태동사에 '-어(아, 여)지다'가 붙어서 동작동사로 바뀌는 경우 선행 상태동사가 뜻하는 상태의 정도가 점점 더해가는 변화의 과정을 표현한다.

예문 : 이젠 날씨가 점점 **추워집니다.**

그렇게 열심히 연습하면 발음이 **좋아질 겁니다.**
배우면 배울수록 **어려워지는군요.**
자주 만나지 못하니까 **멀어지는 것 같습니다.**
좋은 환경에서 자라면 누구나 성격이 **좋아질 겁니다.**

(2) '-어(아, 여)지다'가 동작동사 뒤에 쓰이면 피동의 뜻을 나타내는 동작 자동사가 된다(참조 251쪽).

예문 : 소나기가 **쏟아지다가** 금방 해가 났어요.
숨이 **끊어졌다가** 다시 살아났어요.
그 일이 **알려지기 전에** 발표하십시오.
어렸을 때의 추억이 점점 **잊혀져 가고 있어요.**
옥수수가 잘 **삶아져서** 먹기가 좋은데요.

9. 부정의 보조용언

Vst지 말다

동작동사에 부정형 어미 '-지 말다'가 결합된 형태이다.

(1) 본동사가 뜻하는 행동이나 상태에 대한 금지를 나타낸다(참조 153, 155쪽).

예문 : 과자 줄게, **울지 말아라.**
길에서 **놀지 말고** 집안에서 놀아.
여기서는 담배를 **피우지 마십시오.**
우리 오늘 집에 **들어가지 말까?**
쉬지 말고 기도해야 해요.

(2) -어(아, 여) 말다
연결어미 '-어(아, 여)'에 보조동사 '말다'가 결합된 형태이다. 상태동사 다음에 쓰여 '하지 말다'의 뜻을 나타낸다. 같은 뜻으로 행동을 나타내는 명사 다음에 '말다'를 쓰는 경우도 있다.

예문 : 너무 슬퍼 **마시오.**
괴로워 말고 힘을 내세요.
염려 말고 하고 싶은 대로 해 보세요.
그런 사람과는 **상대 마세요.**
가 버린 사람은 **생각 말고** 새 사람을 찾아봅시다.

(3) '말다'에 여러 어미가 붙어 활용되는데. '-거나 말거나, -거니 말거니, -나 마나, -든지 말든지, -(으)ㄹ지 말지' 따위와 같이 중복되는 구조에서 뒤쪽에 쓰여 '아니하다'의 뜻을 나타낸다(참조 171, 173, 183, 201쪽).

예문 : 내가 **놀거나 말거나** 참견하지마.
두 사람이 일을 **하거니 말거니** 말다툼하고 있어요.
영수라면 **보나 마나** 꼼꼼하게 계획을 세웠을거야.
그 사람이 **반대하든지 말든지** 일을 진행시키세요.
그 모임에 **갈지 말지** 생각중입니다.

Vst지 않다/아니하다

동사에 붙어 부정의 뜻을 나타낸다. '-지 않다'와 '-지 아니하다'의 의미는 같다.

예문 : 토요일은 학교에 **가지 않습니다.**
네 것은 **쓰지 않고** 남의 것을 쓰니?
그 아이는 엄마의 말을 영 **듣지 않아요.**
머리는 그리 **아프지 않아요.**
그녀는 얼굴이 예쁘지 키는 **크지 않을 거에요.**

10. 불능의 보조용언

Vst지 못하다

능히 미치지 못함을 나타낸다.

예문 : 노래는 잘 하지만 그림은 잘 **그리지 못해요.**
자주 **만나지 못하니까** 더욱더 보고 싶어요.
돈이 없어서 **공부하지 못했습니다.**
그 분이 오른손을 **쓰지 못하니까** 좀 도와 드리세요.
이 나라 말을 **하지 못하니까** 얼마나 답답한지 모르겠어요.

제15장

피동과 사동

피동은 '쥐가 고양이에게 잡혔습니다.'의 예처럼, 쥐의 행위가 있고 쥐를 잡는 고양이의 행위가 자연스럽게 행해지는 경우를 말한다. 이에 비해 사동은 '선생이 학생에게 책을 읽혔습니다.'의 예처럼 타인으로 하여금 동작을 하도록 하는 것 즉 선생의 영향을 받아 학생이 읽는 동작이 가능해졌음을 말한다.

피동과 사동은 각각 두 가지 방법으로 형성된다.

1) 피동형은 동사어간에 피동형 어미 '-이, -히, -리, -기'가 붙고 사동형은 동사어간에 사동형 어미 '-이, -리, -리, -기, -우, -추'가 붙어 형성되는데, 이런 방법으로 형성되는 것을 단형이라 한다.

2) 장형은 피동과 사동에 따라 다른데, 우선 피동의 경우는 동사어간에 보조 연결어미인 '-어(아, 여)지다'가 붙어 이루어진다. 사동의 경우는 동사어간에 보조 연결어미인 '-게 하다'가 붙어 이루어지는데, 단형보다는 장형이 쓰이는 범위가 넓다.

피동과 사동의 단형과 장형을 좀 더 알아보기 쉽게 〈표 22〉부터 〈표 25〉까지 예를 넣어 제시하기로 한다.

1. 피동

1) 단형피동

단형피동은 타동사에 피동형 어미 '-이, -히, -리, -기'가 붙어 이루어지는데, 하나의 동사에 어떤 어미가 선택되는가 하는 것도 또한 동사의 개별적인 문제이므로 어휘단위로 기억해야 한다.

〈표 22〉 단형피동

피동형 어미	보 기
-이	꺾이다, 보이다, 섞이다, 쌓이다, 쓰이다, 파이다
-히	닫히다, 먹히다, 묻히다, 뽑히다, 얹히다, 업히다, 잡히다
-리	걸리다, 눌리다, 들리다, 뚫리다, 물리다, 밀리다, 빨리다, 열리다, 풀리다
-기	감기다, 끊기다, 빼앗기다, 씻기다, 안기다, 쫓기다

예문 : 저기 남산이 **보입니다**.
철수가 반장으로 **뽑혔습니다**.
문이 저절로 **열렸어요**.
아이가 엄마 품에 **안겨 있습니다**.
도둑이 경찰에게 **잡혔어요**.

2) 장형피동

장형피동은 동작동사에 '-어(아, 여)지다'가 연결된 형태이나 모든 동사에 연결될 수 있는 것은 아니다.

〈표 23〉 장형피동

보조연결어미	보 기
-어(아, 여)지다	깨지다, 밝혀지다, 써지다, 이루어지다, 풀어지다

예문 : 이 연필은 글씨가 잘 **써집니다**.
아이들이 던진 공에 유리창이 **깨어졌어요**.
범인이 누구인지 언젠가는 **밝혀지겠지요**.
잘 묶이지 않아서 매듭이 **풀어졌어요**.
모든 사람의 소망이 **이루어진다면** 얼마나 좋겠어요.

2. 사동

1) 단형사동

단형사동은 자동사, 타동사, 상태동사에 사동형 어미 '-이, -히, -리, -기, -우, -추' 등이 붙는데, 어느 어미가 선택되는가는 동사에 따라 다르다. 사동사도 피동사처럼 어휘단위로 기억해야 한다.

예문 : 고양이가 쥐를 **죽였습니다**.
어머니가 아이에게 예쁜 옷을 **입혀 줍니다**.
음식을 **남기지 말고** 다 드세요.
철수는 그만 아기를 **울리고** 말았습니다.
잠자는 사람을 **깨우지** 말아요.

〈표 24〉 단형사동

사동형 접미사	동사 종류	보 기
-이	자*	녹이다, 붙이다, 속이다, 죽이다, 줄이다
	타*	먹이다, 보이다
	상*	높이다
-히	자*	앉히다, 익히다
	타*	묻히다, 얽히다, 입히다
	상*	넓히다, 밝히다, 좁히다
-리	자*	날리다, 놀리다, 돌리다, 살리다, 얼리다, 울리다
	타*	들리다, 알리다, 열리다, 물리다
-기	자*	남기다, 숨기다, 웃기다
	타*	감기다, 맡기다, 벗기다
-우	자*	깨우다, 비우다, 세우다, 재우다, 채우다
	타*	새우다, 지우다
-추	자*	낮추다, 늦추다, 맞추다

* 자 : 자동사, 타 : 타동사, 상 : 상태동사

2) 장형사동

장형사동은 자동사, 타동사, 상태동사에 '-게 하다'가 붙는데, 단형사동보다 쓰이는 범위가 넓다.

〈표 25〉 장형사동

보조연결어미	보 기
-게 하다	가게 하다, 먹게 하다, 밝게 하다, 보게 하다, 슬프게 하다, 쓰게 하다, 읽게 하다, 푸르게 하다, 하게 하다

예문 : 선생님이 그 학생을 일찍 집에 **가게 하셨어요.**
어머니가 아이에게 예쁜 옷을 **입게 하셨습니다.**
그 분의 죽음이 우리를 **슬프게 합니다.**
의사가 동생에게 안경을 **쓰게 했어요.**
방을 너무 **춥게 해서** 감기가 들었어요.

같은 동사에 단형사동과 장형사동이 둘 다 쓰일 수 있는데, 이들 사이에는 의미상의 차이가 있다. 즉, 단형사동은 주체의 행위가 직접적인데, 장형사동의 경우에는 그 행위가 간접적이다. 다음 두 문장의 뜻을 비교해 보면 알 수 있을 것이다.

예문 : 어머니가 아이에게 예쁜 옷을 **입히셨어요.**
어머니가 아이에게 예쁜 옷을 **입게 하셨어요.**

할머니께서 동생에게 감기약을 **먹이셨어요.**
할머니께서 동생에게 감기약을 **먹게 하셨어요.**

의사가 환자를 의자에 **앉혔습니다.**
의사가 환자를 의자에 **앉게 하였습니다.**

선생님께서 철수에게 책을 **읽히셨습니다.**
선생님께서 철수에게 책을 **읽게 하셨습니다.**

그 친구가 우리들을 **웃겼습니다.**
그 친구가 우리들을 **웃게 하였습니다.**

제16장
화 법

화법이란, 다른 사람 또는 자신의 말이나 글을 시간적, 공간적인 간격을 두고 인용하여 다른 사람에게 전달하는 언어 형식을 말한다. 그리고 화법은 인용법이란 말로도 통용된다.

화법은 크게 직접화법과 간접화법으로 나뉜다. 전자는 화자가 남의 말이나 글을 원래 그대로 인용하여 옮겨 쓰거나 말하는 경우를 뜻하며, 후자는 화자가 전달자의 입장에 맞게 문장을 바꾸어 표현하는 경우라 할 수 있다.

여기서 우리가 기억해야 할 것은 남의 말을 그대로 옮겨 쓰거나 말하는 경우만이 아니라, 화자가 자기 생각이나 주장을 강하게 표현하고자 할 경우에도 인용의 형식을 취할 수 있다는 것이다. 예를 들면 다음과 같다.

남의 말이나 글을 인용하는 경우 :

어떤 외국인이 "미국 대사관이 어디 있습니까?"라고 물었다.
철수가 자기 형이 새 자전거를 샀다고 나한테 말했다.

자신의 생각이나 주장을 표현하는 경우 :

나는 그의 말이 옳다고 생각한다.
우리는 그 사고가 부실 공사에서 비롯되었다고 생각한다.

1. 직접화법

직접화법이란 남의 말이나 글을 그대로 인용하는 것으로, 이 경우 인용된 부분은 따옴표(" ")를 붙여야 하며, 인용문 다음엔 '-라고', '-하고' 등의 인용조사가 붙고 다음에 서술어가 온다. '-라고'와 '-하고'는 조금 다른데, '-하고'는 피인용문을 어조까지 원형 그대로를 흉내내어 옮겨 씀으로써 강조하고자 할 때 쓴다.

직접화법의 문장 구조는 아래와 같다.

영희가	철수에게	"이번 주말에 영화를 볼 거야"	라고	했습니다.
주어	피전달자	피인용문	인용조사	서술어(전달동사)

이때, 주어는 피전달문의 원래의 화자이며, 피전달자는 원래의 청자가 되는데, 주어나 피전달자는 생략되기도 한다. 피인용문의 종류에 따라서 전달동사가 달리 쓰이기도 하지만, '말하다', '하다' 등은 모든 문장의 전달동사로 나타나고, '묻다' 등은 피전달문이 의문문일 때, '명령하다' 등은 명령문일 때, '제안하다' 등은 청유문일 때 쓰인다. 좀 더 예문을 들어 보기로 하겠다.

예문 : 이 선생이 나에게 "매일 신문을 읽습니까?"하고 묻더군요.
동생이 갑자기 "엄마!"하고 소리쳤어요.
교회의 종소리가 "뎅, 뎅"하고 울렸습니다.
아나운서는 "내일은 눈이 올 것입니다"라고 했습니다.
어머니가 저에게 "저녁을 먹어라"라고 말하셨습니다.
그 동상 앞에는 "소년들이여! 야망을 가져라!"라고 써 있더군요.

2. 간접화법

직접화법과 간접화법은 아주 밀접한 관계를 맺고 있지만 다른 점도 많다. 즉, 직접화법은 피인용문을 그대로 전달하지만, 간접화법은 화자가 전달자의 입장에서 문장을 변형시키기 때문에 직법화법에 비해 여러 가지 다른 현상이 일어난다.

1) 간접화법의 특징

직접화법에선 인용조사 '-라고'나 '-하고'를 썼으나, 간접화법에선 인용조사 '-고'가 쓰인다. 즉 '주어-피전달자-피인용문-고-서술어'의 형식이 된다.

1) 영희가 철수에게 이번 주말에는 뭘 하느냐 고 했습니다.
   주어 피전달자 피인용문 인용조사 서술어(인용동사)

2) 직접화법을 간접화법으로 바꿀 때는 인용조사 '-고'와 연결되는 어미의 변화가 나타난다(참조 〈표 26〉).

3) 피인용문의 종결어미에 나타나는 상대높임은 중화된다. 따라서 간접화법의 피인용문에서는 존대 등급이 없어지고 그 형태가 간략해진다.

〈표 26〉 간접화법에서의 종결어미의 변화

문장종류	동사류	어미변화	주어+피전달자+피용문+인용조사+인용동사
서술문	AVst	-ㄴ/는다	철수가 나에게 비가 온다고 했어요.
	DVst	-다	철수는 배가 고프다고 말했어요.
	-이다	(이)라	철수가 이건 책이라고 말했습니다.
의문문	AVst	-(느)냐	어머니가 비가 오냐고 물으셨습니다.
	DVst	-(으)냐	어머니가 날씨가 더우냐고 하셨습니다.
	-이다	-(이)냐	어머니가 이게 무슨 책이냐고 하셨습니다.
명령문	AVst	-(으)라	친구가 빨리 오라고 말했습니다.
청유문	AVst	-자	친구가 식사를 같이 하자고 말했습니다.

주의 : 감탄문의 간접화법 형태는 서술문과 같기 때문에 생략하기로 한다.

〈표 26〉의 간접화법의 종결어미 변화를 토대로, 좀 더 구체적인 예문을 들어 간접화법에 대한 이해를 돕고자 한다.

서술문

예문 : 영희는 어머님께 **내일부터는 방학이라고 말했습니다.**
친구가 저에게 **그분을 자기 약혼자라고 소개했습니다.**
가족들은 **내일부턴 연휴라고 좋아했습니다.**
그는 친구한테 자기가 **날마다 두 시간씩 한국말을 배운다고 했습니다.**
일기 예보에서 **금년 여름은 무덥다고 했습니다.**

의문문

예문 : 친구가 철수에게 **이번 주말엔 뭘 하느냐고 물었습니다.**
어머니가 아들에게 **배가 고프냐고 물었습니다.**
선생님은 학생에게 **왜 한국말을 배우냐고 했습니다.**
순경이 사람들에게 **이 자동차는 누구의 차냐고 물었습니다.**
선생님이 학생들에게 **오늘은 며칠이냐고 물었습니다.**

명령문

예문 : 부모님께서 아이들에게 **길을 건널 때 조심하라고 하십니다.**
할머님이 손자에게 **밥을 천천히 잘 씹어 먹으라고 말씀하셨습니다.**
저는 밤마다 부모님께 **안녕히 주무시라고 인사합니다.**
교통 질서를 지키라고 하지만 많은 사람들이 이를 어깁니다.
의사가 환자에게 **약을 시간에 맞춰 먹으라고 지시했습니다.**

청유문

예문 : 그분이 저를 **만나자고 했습니다.**
친구가 **여름 휴가를 같이 보내자고 했지만** 바빠서 못 갔습니다.
그 남자는 그녀에게 **결혼하자고 청혼했습니다.**
남편이 아내에게 **오 년 후엔 아파트로 이사하자고 말했습니다.**
영철이는 **주말에 자기 생일에 친구를 초대하자고 졸랐습니다.**

(4) 직접화법을 간접화법으로 바꾸면, 인칭이나 시간, 장소, 존비법을 나타내는 말은 실제의 발화 상황에 따라 전달자를 중심으로 바꾸어야 한다.

예문 : 철수가 선생님께 "**제가** 숙제를 했어요."라고 말했습니다.
→ 철수가 선생님께 **자기가** 숙제를 했다고 말했습니다.

그 친구는 나에게 "너 오늘 **나한테** 전화했니?"하고 물었어요.
→ 그 친구는 나에게 오늘 **자기한테** 전화를 했냐고 물었어요.

선생님은 "**내가 하겠다.**"라고 말씀하셨습니다.
→ 선생님은 **당신이 하시겠다고** 말씀하셨습니다.

그분은 손님에게 "**여기** 앉으십시오."라고 했습니다.
→ 그분은 손님에게 **여기** 앉으시라고 했습니다.(앉을 자리에서 가까이 있을 때)
그분은 손님에게 **저기** 앉으시라고 했습니다.(앉을 자리에서 멀리 있을 때)

그는 **여기가** "서울이냐?"하고 물었어요.
→ 그는 **여기가** 서울이냐고 물었어요.(서울에서)
그는 **거기가** 서울이냐고 물었어요.(서울이 아닌 곳에서)

친구는 어제 "**내일** 한국을 떠나겠다."라고 했습니다.
→ 친구는 어제 **오늘** 한국을 떠나겠다고 했습니다.

존은 "한국의 여름이 **이렇게** 더울 줄 몰랐다."하고 말했어요.
→ 존은 한국의 여름이 **이렇게** 더울 줄 몰랐다고 했어요.(한국에서)
존은 한국의 여름이 **그렇게** 더울 줄 몰랐다고 했어요.(한국이 아닌 곳에서)

다음은 외국인들이 자주 혼동하여 틀리기 쉬운 것을 추려 본 것이다.

-지 말라고 하다

예문 : 손 대지 **마십시오.**
→ 손 대지 **말라고 써 있습니**다.

실내에선 담배를 피우지 **마십시오.**
→ 실내에선 담배를 피우지 **말라고 주의를 주었습니다.**

잔디밭엔 들어 가지 **마십시오.**
→ 잔디밭엔 들어 가지 **말라고 합니다.**

그 문제에 대해서 더 이야기하지 **마십시오.**
→ 그 문제에 대해서 더 이야기하지 **말라고 합니다.**

손 들지마.
→ 손을 들지 **말라고 말했습니다.**

-을/를 달라고
-어(아, 여) 달라고

예문 : 미안하지만 소금을 좀 **주세요.**
→ 미안하지만 소금을 좀 **달라고 합니다.**

저에게 한국말을 **가르쳐 주세요.**
→ 자기에게 한국말을 **가르쳐 달라고 합니다.**

자동차를 12시까지 서울역으로 **보내 주십시오.**
→ 자동차를 12시까지 서울역으로 **보내 달라고 하십니다.**

애기를 좀 **봐 주세요.**
→ 애기를 좀 **봐 달라고 합니다.**

백화점 앞에서 **내려 주십시오.**
→ 백화점 앞에서 **내려 달라고 합니다.**

-에게 -을/를 주라고/드리라고
-에게 -을/를 -어(아, 여)주라고/드리라고

예문 : 이 과자를 저 아이에게 **주십시오.**
→ 이 과자를 저 아이에게 **주라고 합니다.**

이 서류를 사무직원에게 **주십시오.**
→ 이 서류를 사무직원에게 **주라고 합니다.**

이 물을 손님에게 **드리십시오.**
→ 이 물을 손님에게 **드리라고 하셨습니다.**

내 말을 그분께 **전해 주십시오.**
→ 자기 말을 그분께 **전해 드리라고 합니다.**

이걸 김 선생께 보내 **드리십시오.**
→ 이걸 김 선생께 보내 **드리라고 합니다.**

2) 인용조사와 형식동사의 생략

인용의 조사 '-고'와 인용의 형식동사 '하-'가 생략되고 '하-' 뒤의 어미가 인용의 내포문에 직접 연결되는 구조로 나타나는 것이 보통이다. 그런데 '-고 하-'가 생략된 문장을 다시 복원해 보면 그 복원이 가능한 경우도 있으나, 그렇지 않은 경우도 있다. 그것은 형식동사 '하-'가 어떤 구체적인 뜻이 없이 화자 자신의 느낌이나 감정, 판단을 인정해 주는 기능을 지니기 때문이다.

〈표 27〉 인용조사와 형식동사의 생략

문장종류	어미변화	격식체의 생략형	비격식체의 생략형
서술문	-ㄴ/는다 -다 -(이)라	간다고 합니다 → 간답니다 좋다고 합니다 → 좋답니다 책이라고 합니다 → 책이랍니다	간대요 좋대요 책이래요
의문문	-(느)냐 -(으)냐 -냐	보냐고 합니다 → 보냡니다 비싸냐고 합니다 → 비싸냡니다 신문이냐고 합니다 → 신문이냡니다	보내요 비싸내요 신문이내요
명령문	-(으)라	앉으라고 합니다 → 앉으랍니다	앉으래요
청유문	-자	쉬자고 합니다 → 쉬잡니다	쉬재요

예문 : 그 친구는 (나에게)* 배가 **아프답니다.**
철수는 그게 자기 **가방이래요.**
그 사람은 내일은 날씨가 **추울 거랍니다.**
김 선생님이 (나한테) 언제 부산에 **가내요.**
홍 선생이 (그 학생에게) 한국말이 **어려우내요.**
어머님께서 (저에게) 그 사람이 **누구냡니다.**
제가 동생에게 빨리 학교에 **가랬어요.**
저는 그 친구에게 내일 등산이나 **가잤습니다.**
그분은 한국이 참 **아름답답니다.**

*( )안은 생략이 가능하다.

학생들이 완전히 이해하고 사용법을 익히도록 하기 위해 피인용문에 첨가되는 어미의 종류에 따라서 어떻게 생략되는지를 살펴보기로 한다.

(1) 종결어미가 붙는 경우

인용의 내포문(피인용문) 다음에 종결어미가 붙는 구조가 있다.

N(이)랍니다, N(이)랍니까?

이것은 인용의 내포문이 'N(이)다'로 끝났을 때 '-(이)다'가 '-(이)라'로 바뀌어 'N(이)라고 합니다.'의 구조에서 '-고 하-'가 생략된 형태이다. 인용문 모두에 걸쳐 나타나는 현상이지만, 피인용문이 반드시 타인(또는 자기 자신)의 말을 전달하는 것만은 아니다. 때로는 어떤 사실에 대한 화자의 감정, 느낌, 인지내용을 인용 대상으로 삼을 수 있는 것이다. 그렇기 때문에, 직접인용과 간접인용은 반드시 서로 대응되어 바뀔 수 있는 것이 아니다.

예문 : 이 아이가 우리 **아들이랍니다.**
저 학생이 **최우수생이랍니까?**
윷놀이는 누구나 다 좋아하는 **놀이랍니다.**
이것은 둘도 없는 귀한 **책이랍니다.**
전 낫 놓고 기역자도 모르는 **바보랍니다.**
그 사람은 없어서는 안 될 좋은 **일꾼이랍니다.**

-ㄴ/는답니다, -ㄴ/는답니까?

이것은 인용의 내포문 '-ㄴ/는다고 합니다'에서 '-고 하-'가 생략된 구조이다. 이 때에도 화자가 타인으로부터 들은 내용 뿐만 아니라 사실에 대한 자신의 느낌, 감정을 나타내거나 재언급할 경우에 쓰인다.

예문 : 내일부터는 온도가 영하로 **내려간답니다.**
그는 우리와 같이 떠날 생각이 **없답니까?**
저는 학교 다닐 때 열심히 **공부하지 않았답니다.**
어디에 그리 급히 **가납니다.**
요즘도 계속 약을 **복용하납니다.**

그 옷을 손수 **만드신 것이냡니다.**

이 약은 식후 30분에 **먹으랍니다.**

이 일을 저 혼자서 **하랍니까?**

이 방을 내일까지 **비워 달랍니다.**

후배들이 우리와 운동 시합을 **하잡니다.**

수업을 안 하고 영화구경 **가잡니까?**

경음악은 시끄러우니까 고전음악을 **듣잡니다.**

(-ㄴ/는)대요

이것은 본래 인용문의 내포문 종결어미 '(-ㄴ/는)다'에 '고 해(요)'가 연결된 것인데, 여기서 '-고 하-'가 생략된 형태이다. 따라서, 쓸 때에는 '-대(요), -ㄴ/는대(요), -래(요), -재(요)' 등으로 붙여 쓴다. 또, 인용되는 내포문이 명사서술어 'N(이)다'로 되어 있으면 'N(이)래(요)'의 구성을 이룬다.

예문 : 그 분이 **뭐래?**

그 사람이 **여당이래요? 야당이래요?**

박 선생 내외가 이혼했다는 건 **헛소문이래요.**

내일이 무슨 **날이내요.**

두 사람이 어떤 **사이내요.**

저기서 열심히 일하고 있는 사람이 **누구내.**

내일은 날씨가 **추워진대.**

그 사람은 중매결혼을 **했대요.**

밤 말은 쥐가 듣고 낮 말은 새가 **듣는대요.**

내일부터 한 시간 일찍 **출근하래요.**

정부에서는 모든 의식을 **간소화하래.**

농촌의 일손이 모자란다고 좀 **도우래요.**

생각이 있으면 일을 같이 **해 보재.**

그 의견을 받아들이기로 **하재요.**

그 일은 없던 것으로 **하재요.**

(2) 여러 가지 인용동사가 오는 경우

간접화법은 '피인용문+-고+인용동사'의 형식을 취하는데, 후행하는 인용동사의 종류가 상당히 다양하기 때문에 피인용문과 상위문의 인용동사(또는 동사구나 절)의 의미적 연결 관계도 여러 형태로 나타난다.

피인용문 뒤에 오는 상위문 요소가 동사인 경우도 있으나 동사구, 때로는 문장이 되는 경우도 있다. 몇몇 예를 살펴본다.

-(이)라고+인용동사(구)

피인용문이 명사서술어 'N이다'로 끝난 경우에는 '-이다'가 '-이라'로 바뀌고 인용의 조사 '-고'가 붙는다. 물론 앞에서 설명했듯이 피인용문의 내포문은 반드시 타인 또는 자기 자신의 발화 내용만을 다시 인용하는 것이 아니라, 화자의 느낌이나 감정 또는 판단을 서술하기도 한다.

예문 : 저는 **김영수라고 합니다.**
저는 그것이 최선의 **방법이라고 생각합니다.**
그분의 졸업식이 다음 주 **토요일이라고 들었습니다.**
이것은 나라의 발전을 가져다 주는 좋은 **사업이라고 봅니다.**
남북통일은 꼭 **이루어질 거라고 봅니다.**
말이 서툴러서 **실수한 것이라고 양해를 구하는 것이 좋겠습니다.**

-(ㄴ/는)다고+인용동사(구)

예문 : 김 선생님은 언제 **귀국하신다고 하셨습니까?**
모든 사람이 그 의견을 **좋다고 생각합니다.**
저는 그분이 학위를 **받았다고 들었습니다.**
저는 그 회사의 기반이 **든든하다고 봤습니다.**
한국은 유교사상의 영향을 많이 **받았다고 할 수 있습니다.**
저는 아내에게 앞으로는 술을 입에 **대지 않겠다고 약속했습니다.**
눈이 나빠서 빨리 알아보지 **못했다고 사과하세요.**

-(ㄴ/는)다고+인용절

간접인용의 내포문 '(-ㄴ/는)다고' 다음에 상위문의 문장이 오면, 선행하는 피인용문이 후행의 상위문에 대한 이유나 의도를 나타낸다. 즉, 이유를 나타내는 내포문 구성이 되는 것으로 '(-ㄴ/는)다고+하(인용의 형식동사)+-어(아, 여)서(이유의 연결어미)'의 '(-ㄴ/는)다고 해서'에서 형식동사 '해서'가 생략된 구조라 할 수 있다.

예문 : 좋은 남편 **만났다고** 모두들 너를 부러워한다.
아버님의 뜻을 **따르지 않는다고** 화가 나셨습니다.
학교에 **늦는다고** 아침밥도 안 먹고 갔어요.
너도 나도 일류 대학에 **가겠다고** 모두들 열심히 합니다.
학비가 **모자란다고** 어머니께서 하루 종일 걱정하시더군요.

-(으)라고+인용절

인용된 내용이 명령형일 때는 종결어미 '-(으)라' 다음에 인용의 조사 '-고'가 붙는다. 다음과 같은 문장은 인용된 내용이 상위문의 내용에 대한 구체적인 이유나 원인을 나타낸다. 또한 상위문에 제시된 명사의 내용을 지시한다.

예문 : 어머님께서는 시간이 늦지 않게 일찍 **떠나라고** 재촉하셨습니다.
글씨를 바르게 **쓰라고** 여러 번 주의를 받았습니다.
서류에 도장을 **찍어 달라고** 편지가 왔습니다.
좋은 일꾼이라고 **추천해 달라고** 하셨습니다.
잔디밭에 **들어가지 말라고** 푯말을 써 붙였어요.

-(ㄴ/는)다고 그래(요)

이 유형에서 '그래(요)'의 원형은 '그렇다' 정도로 볼 수 있는데, 그 자체에 특별한 뜻이 있다기보다는 다른 동사(예를 들면, '말하다, 전하다, 부탁하다' 등의 전언성 동사)의 기능을 하며, 종결어미에 따라, 서술, 명령, 의견, 청유 등이 가능하다.

예문 : 서대문에 사는 친구한테서 전화가 **왔다고 그래**.
내일 약속을 못 **지키겠다고 그랬니**?
오늘 회의에 **늦지 말라고 그래**.
그를 만나면 나한테 편지 좀 **쓰라고 그래요**.
기분 전환을 위해서 여행 **떠나자고 그래**.

(3) 연결어미가 붙는 경우

인용의 내포문 종결어미에 인용조사 '-고'와 인용의 형식동사 '하-'가 붙고, 다시 동사활용에 의해 여러 연결어미가 첨가된 구성에서 '-고 하-'가 생략되는 것이 보통이다. 또, 때로는 이러한 생략된 구성에 '-고 하-'를 회복시키면 오히려 이상한 문장이 되는 경우도 있다. 그것은 앞의 설명대로 인용의 형식동사 '하-'는 그 의미가 구체적으로 명시될 수 없는 기능 위주의 동사이기 때문이다. 즉, 인용의 내포문이 '(-ㄴ/는)다'로 끝나고 다시 '-고 하-'가 연결되면서 뒤에 연결어미가 붙는 구성은 '(-ㄴ/는)다고 하-+연결어미'가 되고, 다시 '-고 하-'가 생략되면 '(-ㄴ/는)다+연결어미'의 구성이 된다.

대부분의 연결어미는 거의 이러한 구성을 이룰 수 있다. 그리고 때에 따라서는 앞, 뒤 문장의 의미에 따라 그 의미가 바뀌어 쓰이기도 한다.

예문 : 시간이 **없다면서** 놀기만 합니다.
모르겠다니까 왜 자꾸 물어?
시간을 꼭 **지키겠다더니** 왜 이렇게 늦었어?
그분이 **바쁘시다기에** 도와 드렸지요.
월급만으로 생활하기가 **어렵다면** 부업을 가지세요.
그 사람이 최선을 다 **했다지만** 결과는 좋지 않았습니다.
외국에서 귀한 손님이 **오신다는데** 왜 이러고들 있습니까?
그 건강한 사람이 **쓰러지다니** 믿을 수가 없군요.
공부를 **잘 한다고** 모든 것을 다 잘하는 것은 아닙니다.
석유 값이 **내린다던데** 그게 사실인가?

-자면

(1) '-고자 하다' (참조 180쪽)에 '-(으)면' (참조 209쪽)이 붙은 '-고자 하면'의 생략형이다.

예문 : 외국에 가서 **공부하자면** 돈이 많이 필요합니다.
남의 밑에서 **일하자면** 힘든 것도 참아야 합니다.
좋은 직업을 **구하자면** 실력이 있어야 합니다.
6층까지 걸어 **올라가자면** 땀 좀 흘릴 겁니다.
솔직히 **말씀드리자면** 언론의 자유가 없는 것 같더군요.

(2) 간접화법 '-자고 하다' (참조 259쪽)에 '-(으)면'이 붙은 '-자고 하면'의 생략형으로, 동작동사에 붙어서 쓰인다.

예문 : 마시기 싫어도 네가 **마시자면** 마셔야지 뭐.
친구가 **가자면** 천리 길도 따라 갈거야.
웃사람이 **하자면** 하자는 대로 해야겠지요?
아내가 **하자면** 하고 하지 말라면 안 할거에요.
동창들이 모두 돈을 **거두자면** 너도 낼거니?

(-ㄴ/는)다지 않습니까?

이것은 인용의 요소 '-고 하-'가 생각된 구성으로, 후행하는 부정 의문 표현은 긍정을 강조하기 위한 설의적(說疑的) 표현 방법이다. 즉 부정 의문형이 듣는 사람에게 긍정을 강조하는 느낌을 갖게 한다.

예문 : 사촌이 땅을 사면 배가 **아프다지 않습니까**?
신부가 결혼식날 웃으면 첫 딸을 **낳는다지 않습니까**?
속담에 말만 잘하면 천 냥 빚을 **갚는다지 않아요**?
일하기 싫으면 **먹지도 말라지 않았습니까**?
이웃 **사촌이라지 않았습니까**?

본래는 연결어미가 붙은 구성이나 후행문이 생략된 채, 문장이 종결되는 구성이 있다. 이 경우 존대의 의도가 있으면 존대 표현의 문장 종결 요소 '-요'를 붙이면 된다.

(-ㄴ/는)다고(요)?

의문형으로 끝나면, 상대방의 말을 확인해 보려는 의도로 다시 반복해 보는 경우에 쓰인다. 또한 상대방의 말에 동의하지 않는다는 뜻이 포함되어 있을 때도 있다.

예문 : 이번에 장학금을 **받았다고요**?
수출 목표액을 달성하기 **어렵다고요**?
이혼했던 사람들이 다시 **화해했다고요**?
이 비행기가 북한에서 넘어온 **비행기라고요**?
내가 **부자라고요**? 그러면 얼마나 좋겠습니까?
그분이 선량한 **사람이라고요**? 전 믿을 수 없습니다.

(-ㄴ/는)다니요?

의문형으로 종결되어 상대방의 말에 동의하지 않거나 그에 대해 놀라움을 표시하는 경우에 쓰인다. 동작동사, 상태동사, 이다동사와 결합한다.

예문 : 가 : 어제 폐가 많았습니다.
나 : **폐라니요**?

가 : 이거 수입품이지요?
나 : **수입품이라니요**? 국산이에요.

가 : 이건 번역하기는 쉽지요?
나 : **쉽다니요**? 그럼 직접 해 보세요.

가 : 오늘은 그만합시다.
나 : **그만하자니요**? 오늘 끝내야 해요.

가 : 숙제 좀 해주세요.
나 : 숙제를 **해달라니요**?

(4) 관형사형 어미가 붙는 경우

인용의 내포문 어미 '(-ㄴ/는)다'에 '-(으)ㄴ, -는, -던' 등의 관형사형 어미가 오기도 한다. 물론 이것도 '-고 하-'가 생략된 것으로 처리된다.

예문 : **민주주의란** 개념을 확실히 모르고들 있습니다.
발 없는 말이 천 리 **간단** 말을 들어 보셨습니까?
원숭이도 나무에서 **떨어진다는** 속담 몰라요?
폭우가 쏟아져서 수재민이 많이 **생겼다는** 뉴스를 들었습니다.
그 운동은 이 마을을 **근대화시키자는** 운동입니다.
평생을 같이 **하자던** 약속은 수포로 돌아갔군.

(5) 명사형 어미가 붙는 경우

인용된 내용문 어미 '(-ㄴ/는)다', '-(으)냐', '-(으)라', '-자', '-(이)라'에 명사형 어미 '-기'가 오기도 한다. 명사형 어미 '-기'에 원인의 뜻으로 쓰이는 '-에'가 붙은 것이다.

예문 : 좋은 **사람이라기에** 만나 보았을 뿐입니다.
그 친구가 내일 여행을 **떠나자기에** 그러기로 약속했습니다.
이사를 **한다기에** 도우러 왔습니다.
한국에 왜 **왔냐기에** 공부하러 왔다고 했습니다.
사업에 투자해 **보라기에** 했더니 결과가 괜찮더군요.

(-ㄴ/는)다는 것이

인용의 내포문 어미 '(-ㄴ/는)다'에 관형사형 어미 '-는'에 '것이'가 붙어 화자가 의도했던 것이 후행문에서 상반되는 결과로 나타나게 되는 경우에 쓰인다.

예문 : 동생 바지를 **산다는 것이** 내 것만 샀습니다.
바닷가로 **간다는 것이** 산으로 발길을 옮기고 있었습니다.
음식을 **남긴다는 것이** 한꺼번에 다 먹어 버렸습니다.
그 사람을 **웃긴다는 것이** 울리고 말았습니다.
고양이를 **그린다는 것이** 호랑이를 그렸어?

(6) 간접화법에 의한 재확인 또는 강조

다른 사람의 말을 제3자에게 다시 전하거나 대화 속에서 상대방의 말을 잘못 이해했을 경우 재확인할 때, 간접화법으로 표현한다. 또 경우에 따라서는 화자가 자신의 동작이나 상태를 객관화시켜 간접화법으로 표현하기도 한다. 이때에는 피전달문을 강조하는 것이다. 그리고 2인칭 주어의 의문문은 상대방의 말을 재확인하려는 의도를 나타낸다.

N 말이다

'말이다' 앞에 명사나 명사적 구성이 오면 그 부분을 재차 반복하여 말하는 것이며, 의문문이 되면 다시 확인하여 묻는 것이다. 때로는 문장이 이어질 때 구성 요소 사이에 별 뜻 없이 끼어들기도 한다.

예문 : 언제 **말입니까**?
내일 **말입니다**.
누구 **말이에요**?
어제 **말이에요**, 김 선생이 **말이에요**, 왔다 가셨어요.
일하지 않으면 **말이에요**, 가족들이 **말이에요**, 고생을 해요.

(ㄴ/는)단 말이다

피인용문이 문장으로 종결되었을 때는 피인용문의 종류에 따라 '(-ㄴ/

는)다, -냐, -(으)라, -자' 등의 어미가 선택되는데, 그 뒤에 '-고 하는'이 첨가되고 여기서 '-고 하느-'가 생략되어 '-ㄴ-'만이 남아 있는 형태이다. 이것도 피전달문의 내용을 반복하거나, 의문문에서 재확인하려는 의도로 쓰인다.

예문 : 미국으로 아주 **가신단 말입니다**.
학교에 가지 말고, 놀러 **가잔 말입니다**.
누가 **오신단 말이에요**?
요즘 무슨 생각을 그렇게 **하시냔 말이에요**.
시간도 없는데, 버스를 **타란 말입니까**?

제17장
접두사와 접미사

단어 형성에 있어서 어근(실질적 의미를 나타내는 중심 부분)에 접사가 붙어 어근의 뜻을 제한하는 경우가 있다. 어근 앞에 오는 접사를 접두사라 하고 어근 뒤에 오는 접사를 접미사라 한다. 접사에는 한정적 접사 즉, 뜻만 첨가해 주는 접사와 지배적 접사 즉, 품사를 바꾸어 주는 접사가 있다. 이런 단어 중에서 흔히 쓰이는 단어를 여기서 소개하기로 한다.

1. 접두사

접두사는 뒤에 오는 어근의 의미를 제한하되, 어근의 품사를 바꾸지는 못하며(모두 한정적 접사) 체언 앞 접두사는 관형사와 비슷하고 용언 앞 접두사는 부사와 비슷하다. 관형사와 부사는 거의 모든 피수식어와 연결될 수 있으나 접두사는 몇몇 어근에만 결합된다.

예 : 갓-, 군-, 날-, 덧-, 되-, 들-, 맏-, 맞-, 매-, 맨-, 빗-,
새-, 생-, 선-, 설-, 숫-, 시-, 알-, 애-, 엇-, 외-, 잔-,
짓-, 첫-, 총-, 최-, 치-, 풋-, 한-, 햇-, 홀-, 휘-…

갓-

'지금 바로, 겨우'의 뜻을 나타낸다.

예 : 갓스물, 갓졸업, 갓결혼, 갓시집
갓낳다

예문 : 이제 **갓스물**난 처녀라서 한창 피어오르는구나!
갓난 아기를 안으려니까 겁이 나요.
대학을 **갓졸업**해서 사회를 너무 몰라요.
갓결혼한 새아씨가 떡을 가지고 왔어요.
갓시집와서 시부모님이 어렵기만 하답니다.

덧-

거듭 더한다는 뜻이 있다.

예 : 덧문, 덧버선, 덧니, 덧신
덧칠하다, 덧붙다, 덧붙이다, 덧나다

예문 : 겨울에 너무 추우니까 **덧문**을 달아야겠어요.
이 더운 때 **덧버선**은 왜 신습니까?
그분의 **덧니**는 매력이 있는데요.
덧신을 신었더니 구두가 하나도 젖지 않았어요.
벽지가 더러워져서 그 위에 **덧붙여야겠어요**.

되-

'도로, 다시'의 뜻이 있다.

예 : 되돌이표, 되새김질
되돌아가다, 되돌아보다, 되묻다, 되받다
되살아나다, 되새기다, 되씹다, 되찾다, 되풀이하다

예문 : **되돌이표**가 있으니까 여기는 반복해서 불러야 해요.
한국에 나왔다가 고향에 계신 어머님이 편찮으셔서 **되돌아갔어요**.
고등학교 시절을 **되새겨 보세요**.
내가 물었는데 **되물으면** 어떻게 해?
내가 보기에 이 나무는 **되살아나기** 힘들 것 같아요.

맞-

'마주'의 뜻이 있다.

예 : 맞벌이, 맞선, 맞절
맞대다, 맞들다, 맞바꾸다, 맞서다, 맞잡다, 맞장구치다

예문 : 우린 **맞선**을 보고 결혼했답니다.
머리를 **맞대고** 앉아 뭘 하고 있어요?
어린 것이 형과 **맞서서** 힘을 겨누겠대.
그 선물이 마음에 안 들면 우리 **맞바꿀까요**?
요즘은 **맞벌이** 부부가 많아 아이들 문제가 심각합니다.

매-

'하나하나, -마다, 각각'의 뜻이 있다.

예 : 매년, 매달, 매번, 매사, 매시간, 매학기

예문 : **매년** 성묘를 가는데도 가는 길을 찾기가 힘들어요.
매달 전기세가 얼마나 됩니까?
그는 **매번** 야단맞아도 그 버릇을 고치지 못해요.
매사에 부지런한 사람이 오늘은 웬일일까?
오늘은 **매시간** 졸기만 했어요.

새-

빛깔이 몹시 짙고 산뜻함을 나타낸다.

예 : 새까맣다, 샛노랗다, 새빨갛다, 새파랗다, 새하얗다

예문 : 한국사람은 머리가 **새까맣습니다**.
샛노란 옷을 입으니까 너무 눈에 띈다.
새빨간 구두에는 어떤 옷이 어울릴까요?
가을 하늘은 높고 **새파랗습니다**.
담이 **새하얘서** 깨끗하기는 하지만 금방 더러워질 겁니다.

생-

'익지 않았거나 가공하지 않은', '아무런 이유도 없는 억지'나 '공연히'란 뜻을 나타낸다.

예 : 생굴, 생매장, 생쌀, 생맥주, 생고생, 생과부, 생이별

예문 : 김장김치에 **생굴**을 좀 넣으면 맛이 훨씬 낫지요.
생맥주를 시킬까요? 보통 맥주를 시킬까요?
거짓말로 **생사람** 잡으면 못써요.
능력 있는 사람이 노동판에 가서 **생고생**하고 있어요.
전쟁으로 **생이별**을 한 사람들이 많아요.

알-

'알 모양으로 이루어진', '아무 것으로도 겉을 덮지 않은', '아무 것도 가진 것이 없는'의 뜻이 있다.

예 : 알밤, 알사탕, 알약, 알몸, 알거지

예문 : 그 **알밤** 참 먹음직스럽군.
아이들은 대개 **알사탕**을 좋아해.
이 **알약**은 너무 커서 먹기가 힘들겠는데요.
알몸으로 삼팔선을 넘어 온 사람이 많습니다.
사업에 실패하여 **알거지**가 되고 말았어요.

외-

단지 하나 뿐이라는 뜻이다.

예 : 외길, 외나무다리, 외딸, 외아들, 외톨이

예문 : 여긴 **외길**이어서 차가 다니기에는 너무 좁습니다.
외나무다리에 앉아 있으면 난 어떻게 지나가지?
그녀는 **외딸**로 귀여움을 독차지하고 있어요.
같이 다니던 친구가 결혼해서 **외톨이**가 되었습니다.
그분은 한평생 **외길**을 걸어오셨어요.

잔-

잘거나 가늘다는 뜻이다.

예 : 잔기침, 잔글씨, 잔돈, 잔돌, 잔병, 잔소리, 잔심부름, 잔일, 잔주름, 잔털

예문 : 너무 **잔글씨**라 보기가 어렵습니다.
만원짜리를 **잔돈**으로 바꿔 주시겠습니까?
크게는 앓지 않지만 **잔병**이 많아요.
어머니의 **잔소리**가 듣기 싫어 집에 늦게 들어간답니다.
잔심부름은 언제나 막내가 하기 마련이지요.

첫-

'처음' 을 뜻한다.

예 : 첫걸음, 첫날, 첫눈, 첫사랑, 첫인상

예문 : 무엇을 하든지 **첫걸음**이 중요합니다.
개학하는 **첫날**부터 공부를 합니까?
첫눈에 반한 사람과 결혼했습니까?
그 사람에 대한 **첫인상**이 어땠습니까?
누구에게나 **첫사랑**은 잊을 수 없는 추억일 것이다.

총-

'모두' 의 뜻이다.

예 : 총선거, 총액, 총예산, 총인구, 총재산, 총책임

예문 : 국회의원 **총선거**가 언제 있습니까?
동상을 건립하는 데 **총예산**이 얼마입니까?
총인구의 몇 할이 기독교인인가요?
여당의 **총책임자**는 누구입니까?
이 집이 우리집의 **총재산**입니다.

최-

'가장, 제일' 의 뜻이다.

예 : 최고, 최근, 최다수, 최상급, 최선두, 최소, 최현대식, 최첨단

예문 : 그분의 솜씨는 **최고**에요.
최근에 나온 책으로 어떤 책이 좋아요?
최다수가 선생님의 의견에 동의를 했습니다.
저 행열의 **최선두**에 선 사람이 누구입니까?
그 건물은 **최현대식** 건물입니다.

풋-

'익숙하지 않은, 새로운, 덜익은' 의 뜻이다.

예 : 풋고추, 풋나물, 풋내기, 풋사과, 풋사랑

예문 : 그 작은 **풋고추**가 꽤 매운데요.
봄에는 **풋나물**을 먹어야 입맛이 돌아요.
풋사과라 아직 맛이 덜 들었습니다.
풋사랑에 빠져 갈팡질팡하고 있어요.
회사에 들어온 지 얼마 안 된 **풋내기**가 여간 당당하지 않은데요.

햇-

새로 났다는 뜻이다.

예 : 햇감자, 햇곡식, 햇과일, 햇나물, 햇사과, 햅쌀(주의 : 햇쌀이 아님)

예문 : **햇감자**라 입에서 살살 녹아요.
추석에는 **햇곡식**으로 밥을 지어요.
햇과일이 나올 때가 되었는데 금년에는 좀 늦나봐요.
햇나물은 더 부드럽고 맛도 좋지요.
햅쌀로 빚은 떡 좀 맛보세요.

한-

'한창' 이나 '정중앙' 또는 '크다', '같다' 의 뜻이다.

예 : 한길, 한밤중, 한가운데, 한겨울, 한여름, 한마음, 한날 한시

예문 : **한마음**으로 기도합시다.
한밤중에 전화가 와서 잠을 깨웠어요.
그 상은 방 **한가운데** 놓으면 어때요?
한겨울인데 그렇게 춥지 않아요.
우리는 **한날 한시**에 태어난 동갑입니다.

홀-

짝이 없고 하나 뿐이라는 뜻이다.

예 : 홀몸, 홀수, 홀아비, 홀어머니, 홀시어머니

예문 : **홀몸**도 아닌데 몸을 잘 돌봐야 해요.
홀수는 **홀수**끼리, 짝수는 짝수끼리 손을 잡으세요.
홀아비는 이가 서말이라는 말이 있는데 무슨 뜻인지 아세요?
홀어머니를 모시고 살아요.
홀시어머니 모시기가 얼마나 어려운지 알아요?

2. 접미사

접미사에는 어근의 뜻만 제한하는 것도 있고, 어떤 품사에 일정한 자격을 주어 명사, 동사, 부사로 파생시키는 것도 있다. 피동, 사동도 접미사에 속하지만 이미 장을 달리 하여 다루었으므로 여기서는 언급하지 않기로 한다.

예 : 명사 : -감, -경, -군, -껏, -꾸러기, -끼리, -님, -들, -뱅이, -보, -새, -씨, -씩, -어치, -장이, -중, -질, -짜리, -쯤, -치, -기, -개, -(으)ㅁ, -이

동사 : -거리다, -대다, -뜨리다, -만하다, -치다

상태동사 : -다랗다, -답다, -롭다, -스럽다, -쩍다

부사 : -로, -이

-간

'둘의 사이, -동안'을 뜻한다.

예 : 부자간, 형제간, 서울과 부산간, 며칠간

예문 : **부자간**에 무슨 문제가 있는 것 같아요.
형제간이 얼마나 좋은지 모릅니다.
서울과 부산간의 거리가 어떻게 돼죠?
며칠간의 여유만 주시면 빌린 돈을 갚겠습니다.
삼일간의 휴가로 바닷가에 갔다 왔습니다.

-감

'놀이의 도구, 어떤 일의 재료, 선행명사가 뜻하는 신분이나 지위에 알맞은 자격을 지닌 사람을 나타낸다. 또한 느낌을 나타내는 한자어 접미사도 있다.

예 : 장난감, 일감, 국거릿감, 사윗감, 며느릿감, 신부감, 신랑감, 책임감, 우월감, 비굴감, 열등감

예문 : 오늘 우리 아이 생일이니까 **장난감**을 사 가지고 가지.
일감이 너무 많아, 해도 해도 끝이 안 나요.
좋은 **며느릿감**이 있으면 중매 서세요.
우리 회사에는 자신있게 소개할 만한 **신부감**이 많아요.
그분은 **책임감**이 강해서 저렇게 늦게까지 일하고 있어요.

-거리다

선행명사와 같은 동작을 잇달아 자꾸 하는 경우에 쓰인다. '-대다'로 대치할 수 있다.

예 : 굽실거리가, 기웃거리가, 깜빡거리다, 꼬불거리다, 더듬거리다, 두근거리다, 반짝거리다, 북적거리다, 비쭉거리다, 얼씬거리다, 재잘거리다, 중얼거리다, 출렁거리다, 투덜거리다, 헐떡거리다, 화끈거리다, 흐느적거리다

예문 : 남의 밑에 가서 일하자면 **굽실거려야** 해요?
낯선 사람이 우리 집을 **기웃거리고** 있어요.
무엇이 불안한지 눈을 **깜빡거리고** 있습니다.
더듬거리지 말고 천천히 이야기해 봐요.
남대문시장엔 사람들이 **북적대요**.

-다랗다

상태동사의 어간에 붙어서 그 뜻을 더욱 분명히 나타낸다.

예 : 굵다랗다, 높다랗다, 커다랗다, 길다랗다, 가느다랗다

예문 : 나무들이 **굵다랗게** 잘 자랐습니다.
저 **높다란** 건물은 뭐에요?
동그라미를 **커다랗게** 그려서 무얼 하려고 합니까?
길다란 나뭇가지 하나 가져다 주시겠어요?

허리가 너무 **가느다래서** 어디 힘을 쓰겠어요?

-답다

명사 아래에 붙어 그 명사가 지니는 성질이나 특성이 있다는 뜻을 나타내며 그 동사는 상태동사가 된다.

예 : 학생답다, 여자답다, 군인답다, 신사답다, 교육자답다

예문 : 학생은 **학생답게** 행동해야 한다.
그녀는 **여자다운** 데가 하나도 없어요.
군인답다고 하면 씩씩하고 용감한 것을 말합니다.
신사답지 않게 여성에게 그런 행동을 하다니…….
그는 **교육자답게** 조언을 잘 해 주셨습니다.

-답시고

용언 뒤에 붙어 '-다고, 하려고 한다는 것이'의 뜻을 나타내며 상태나 언행을 빈정거릴 때 쓰인다.

예문 : 그 일을 자기가 **한답시고** 앞장 서서 나갔습니다.
잘 **고쳐본답시고** 한 것이 더 못 쓰게 만들었어요.
일을 혼자 **한답시고** 가져가더니 왜 도로 가져왔습니까?
돈을 좀 **벌었답시고** 마구 써 버리고 있습니다.
힘깨나 **쓴답시고** 어깨에 힘을 주고 다닙니다.

-롭다

일부 명사에 붙어서 그러함을 인정한다는 뜻을 나타내며 그 동사는 상태동사가 된다.

예 : 자유롭다, 신기롭다, 해롭다, 공교롭다, 슬기롭다, 이롭다, 향기롭다

예문 : 어디에도 얽매이지 않고 **자유롭게** 살고 싶다.
록키산맥이야말로 웅장하고 **신비로워**.
몸에 **해로운** 담배를 왜 피우지?
본의는 아니었는데 **공교롭게** 그분에게 실망을 주게 되었습니다.
부부간의 문제는 **슬기롭게** 잘 넘겨야 해요.

-만하다

선행명사를 기준으로 하는 크기, 수, 양 또는 가치판단의 정도 수준을 나타내거나 어떤 정도에 그치어 더하지 아니함을 나타낸다.

예문 : 그 개는 **송아지만하다**.
병세가 **그만한 것 같습니다**.
형만한 아우도 없는 것 같아요.
아무리 보아도 우리 **집만한** 집이 없어요.
주먹만한 돌에 맞았어요.

-스럽다

명사 뒤에 붙어 '보기에 그럴 만하다'라는 뜻의 상태동사를 만든다.

예 : 사랑스럽다, 자랑스럽다, 걱정스럽다, 조심스럽다, 별스럽다, 변덕스럽다

예문 : 그 아이 정말 **사랑스럽게** 생겼어요.
자랑스러운 우리 선수! 금메달을 따다니.
그는 **걱정스러운** 표정으로 나를 쳐다 본다.
마음이 상할까봐 **조심스럽게** 타일렀습니다.
그의 성격은 **변덕스러워** 어떻게 맞추어야 할지 모르겠습니다.

-쩍다

느낌을 나타내는 추상명사 뒤에 붙어 그러한 느낌이 있다는 뜻의 상태동사를 만든다.

예 : 겸연쩍다, 미심쩍다, 수상쩍다

예문 : 자기가 잘못했으니까 **겸연쩍은가** 봐요.
그분이 여기 책임자인지 **미심쩍어** 물어봤어요.
수상쩍은 사람이 나타나면 바로 연락하세요.

〈참고〉 문장 부호

다음은 한국어에서 쓰이는 문장 부호 중 일반적으로 흔히 쓰이는 것을 골라 제시한 것이다. 다음 〈표 28〉을 참조 바람.

〈표 28〉 문장 부호

부호	부호명	설 명	보 기
., 。	마침표	• 서술, 명령, 청유문에서 한 문장이 끝날 때 쓰임	철수가 온다. 가라. 같이 공부합시다.
		• 약자나, 년, 월, 일의 생략부호로 쓰임	R. O. K. U. S. A 1997. 2. 28
,	쉼 표	• 대등절이나 종속절의 경우	한국말은 어렵고, 시간이 많이 걸린다
		• 단어나 구가 나열될 때	공책, 연필, 가방을 샀다.
		• 접속어나 구가 올 때	그러나, 그는 오지 않았다.
		• 독립어 뒤에	아, 숙제를 잊었군!
		• 동격의 말이 되풀이 될 때	고독, 그것은 가을에 느낄 수 있는 정취다.
		• 서술어의 생략시	아침엔 학교에서, 저녁엔 집에서 공부했다.
?	물음표	• 의문문 끝에 온다.	한국 사람입니까?
		• 한 문장 안에 물음이 겹칠 때는 끝에만 온다.	공부를 할 것인가, 돈을 벌 것인가?
!	느낌표	• 느낌이나 놀라움을 나타낼 때	날씨가 좋구나! 아!
		• 사람이나 동물을 부를 때	철수야!
: ;	쌍반점	• 보기를 들 때(:)	음료수 : 콜라, 사이다
		• 어떤 상황을 설명할 때(;)	자전거 ; 바퀴가 두 개 달린 차
		• 시간표시(:)	오전 10 : 30
		• 장, 절의 표시(:)	창세기 5 : 6
" " 「 」	따옴표	• 글을 인용할 때	"시작이 반이다"란 말이 있다.
		• 강조할 때	「6. 25」를 상기하자.
( )	묶음표	• 설명이나 말을 끼워 넣을 때	8월 15일(광복절)에…….
		• 단어, 어구를 주해할 때나 끼워 넣을 때	돌아가다(죽다) 이름(名)
……	줄임표	• 말을 생략할 때	날씨가 참 좋은데…….
		• 침묵을 나타낼 때	"왜 거짓말을 했니?" "……."

참고문헌

고영근 ;「국어문법의 연구－그 어제와 오늘－」, 탑출판사, 1983.

_____ ; 남기심, 박영조 ;「고등학교 문법 자습서」, 탑출판사, 1985.

권재일 ;「국어의 복합문 구성연구」, 집문당, 1985.

김석득「국어 구조론」, 연세대학교 출판부, 1971.

_____ ;「우리말 연구사」, 정음문화사, 1983.

남기심 ;「국어문법의 시제 문제에 관한 연구」, 탑출판사, 1978.

_____ ;「국어조사의 용법」, 서광학술자료사, 1993.

_____ ; 고영근 공편 ;「국어의 통사 의미론」, 탑출판사, 1983.

_____ ; _____ ;「표준 국어문법론」, 탑출판사, 1995.

박창해 ;「An Intensive Course In Korean」Ⅰ·Ⅱ, 연세대학교 출판부, 1965.

_____ ; 박기덕 ;「Korean」Ⅰ, 연세대학교 출판부, 1975.

서정수 ;「동사 "하－"의 문법」, 형설출판사, 1975.

_____ ;「국어 구문론연구」, 탑출판사, 1978.

_____ ;「존대법의 연구」, 한신문화사, 1984.

성균관대학교 대동문화연구원 ;「고등학교 문법」, 문교부, 1993.

신기철, 신용철 ;「새 우리말 큰사전」, 삼성출판사, 1991.

연세대학교 한국어학당 편 ;「한국어 1-6」, 연세대학교 출판부, 1997.

이익섭, 임홍빈 ;「국어문법론」, 학연사, 1983.

장숙인 ;「한국말(1)」, 서울컴퓨터 출판사, 1982.

최현배 ;「우리말본」, 정음사, 1937.

허　웅 ;「고등학교 문법」, 과학사, 1979.

홍사만 ;「국어 특수조사론」, 학문사, 1983.

Fred Lukoff ; An Introuductory Course in Korea, Yonsei University Press, 1993.

Kuno, Susumu ; The Structure of the Japanese Language, The M. I. T. Press, 1973.

찾아보기

〈ㄹ〉

〈ㅈ〉

- 저자소개 -

임호빈
○연세대학교 대학원 졸업
○연세대학교 언어연구교육원 전임강사
○연세대학교 언어연구교육원 한국어학당 교학부장
○한국교회사학연구원 행정실장
○명예 경영학박사

홍경표
○연세대학교 대학원 졸업
○한국외국어대학교 강사
○영국 University of Sheffield 초빙교수
○연세대학교 언어연구교육원 전임강사
○한글 발전 유공 포상(대통령)

장숙인
○이화여자대학교 대학원 졸업
○연세대학교 언어연구교육원 전임강사
○미국 시카고대학교 한국학과 교수
○한국외국어대학교 강사
○저서 "*Modern Conversation Korean*":1995

〈최신개정〉
외국인을 위한 **한국어 문법**

저 자 임호빈 · 홍경표 · 장숙인
발 행 연세대학교 출판문화원
주 소 서울특별시 서대문구 성산로 262
전 화 02)2123-3380~2
팩 스 02)2123-8673
http://www.yonsei.ac.kr/press ysup@yonsei.ac.kr
등 록 1955년 10월 13일 제9-60호
인 쇄 (주)동국문화

2010년 11월 30일 2판 1쇄
2022년 12월 12일 2판 4쇄
ISBN 978-89-7141-945-8(93710)

정가 18,000원